Geoffrey Hodson: In den Sphären des Lichtes

GEOFFREY HODSON

IN DEN SPHÄREN DES LICHTES

Aquamarin Verlag

Titel der amerikanischen Ausgabe:
CLAIRVOYANT INVESTIGATIONS

Deutsche Übersetzung: Edith Zorn

Titelbild von Richard Gratiot

1. Auflage 1985

ISBN 3-922936-40-7

Jürgen Mayer KG · Haunwang 1 · 8311 Eching

INHALTSVERZEICHNIS

TEIL 2
DIE VERBORGENE WIRKUNG DER MUSIK

TEIL 1

VORWORT

„Eines Tages, als ich am Bergabhang eines Buchenwaldes in einem einsamen Tal Westenglands brennend danach verlangte, das Heiligtum des verborgenen Lebens der Natur zu betreten, füllten sich die Himmel plötzlich mit Licht für mich."

Dies schrieb Geoffrey Hodson 1952 als Einführung in sein wunderbares Werk »The Kingdom of the Gods«. Diese Erfahrung, auf welche er sich hier bezog, hatte mehrere Jahre zuvor stattgefunden. Ihre zurückblickende Beschreibung jedoch enthielt die Essenz seiner lebenslangen Hinwendung an diese Suche nach Verstehen, welche das Herz des theosophischen Erkenntnisweges ist. "Brennend suchen" dieser ganzherzige und zielstrebige Entschluß, den Schleier äußerer Erscheinungen zu durchstoßen, um die Wahrheit, ganz gleich zu welchem Preis auch, zu entdecken, das war der Schlüssel zu Hodsons Leben und Werk.

Hodson, er ist inzwischen in lichtere Welten zurückgekehrt, war vor allem Studierender und Forscher, ständig darum bemüht zu ergründen, zu prüfen, zu verstehen. Mit dieser grundlegenden Demut, die den wahren Suchenden charakterisiert, sagte er beständig: „ ... so wie ich es sehe ...", „... insoweit mein begrenztes Wissen es mir ermöglicht zu sagen ..." und „So habe ich gehört ...". Dennoch stand im Mittelpunkt seiner Suche und seiner Studien eine tiefgreifende Überzeugung von der einheitlichen Natur aller Existenz. Das Konzept einer "Absoluten, jenseits menschlicher Erkenntnis liegenden, unendlichen und unwandelbaren Quelle und Grundlage", um mit seinen eigenen Worten zu sprechen, war nicht bloße Theorie für ihn, sondern eine tief in seiner eigenen Wahrnehmung des Lebens wurzelnde Überzeugung. Seine intuitive Vision einer allerletzten Realität basierte stets in einer Logik, die aus seiner eigenen hellsichtigen Forschungsarbeit herrührte. Mehr noch, bereitwillig legte er die Früchte solcher Nachforschungen der Analyse anderer vor. Sein Bestreben war es, sicher zu gehen, daß seine Beobachtungen vertretbar waren, insoweit eine Bestätigung überhaupt garantiert werden konnte, sei es durch einen Vergleich seiner Ergebnisse mit denjenigen anderer geübter Hellsehender oder aber aufgrund sonstiger üblicher Methoden.

Obgleich einer der geachtetsten Vertreter theosophischer Philosophie, den die Theosophische Gesellschaft je kannte, so lagen Mr. Hodsons einzigartige Beiträge zweifellos auf dem Gebiet hellseherischer Forschung, besonders in jenen Bereichen, die im vorliegenden Werk dargelegt sind — (a) die Formen, welche in feinerer Materie als Folge unterschiedlicher Musikarten hervorgebracht werden und (b) die Erscheinung und Natur der Gesamtheit jener Intelligenzen, die uns als Engelevolution bekannt sind, beginnend bei den untersten Naturgeistern bis hin zu den mächtigsten jener kreativen Mächte, welche dazu beitragen, die umfassenden Abläufe innerhalb aller Zyklen manifestierter Existenz zu gestalten und zu leiten. Es muß jedoch betont werden, daß die gesamten Forschungen in den Reichen des dem physischen Auge Unsichtbaren, dem "Heiligtum des verborgenen Lebens der Natur", nicht nur einfach deshalb erfolgreich fortgeführt wurden, weil Mr. Hodson eine natürliche, durch diszipliniertes Training geschärfte Hellsichtigkeit besaß, sondern viel mehr, weil er in seinem tiefsten Innern davon überzeugt war, daß Vernachlässigung der Lehren der "Alten Weisheit", sowie das damit verbundene Fehlen des Verständnisses für das l e b e n d i g e Wesen der Natur, nur in verheerenden Konsequenzen für alles Leben auf diesem Planeten enden konnte. Geoffrey Hodsons gesamtes Werk erhielt daher die Botschaft, die dringende Notwendigkeit zu verstehen, daß der Mensch um die nahtlose Struktur der Realität wissen muß, die jeglichem Phänomen zugrunde liegt. Er muß die einheitliche Natur des Lebens selbst, so verschieden ihre Formen auch sein mögen, erkennen und mit dem einen Göttlichen Plan zusammenarbeiten. Durch Vorlesungen vor großer Hörerschaft überall in der Welt, durch zahlreiche Bücher und Artikel, in persönlichen und privaten Briefen seiner unglaublich umfangreichen Korrespondenz, plädierte er gemeinsam mit allen ernsthaften Suchern dafür, folgende Arbeit aufzunehmen: der Menschheit und dem Leben selbst durch direktes Wissen zu dienen, daß es nur "eine einzige Gegenwart und Macht gibt, innerhalb derer alle Dinge leben, sich bewegen und ihr Sein haben." Er wiederholte immer wieder, daß wir alle unsere Fähigkeiten nutzen müssen, die Leiden der Welt zu heilen, ein atomares Holocaust zu verhindern, die Menschheit vor ihren eigenen (in Unwissenheit begründeten), irregeführten und falschen Handlungen zu retten, die sie nur noch mehr bergab in weitere Tragödien und schließliche Zerstörung führen könnten.

Da er jenes Licht, welches die Himmel erfüllte, gesehen hatte, wie er es in Erinnerung an seine frühe Begegnung mit den Engelscharen ausdrückte, stellte er sein Leben in den Dienst dieses Lichtes, in tiefem Vertrauen darauf, daß die Dunkelheit des Nichtwissens tatsächlich vertrieben werden könne. Für jene, die ihn kannten, war er eine äußerst selbstlose Persönlichkeit. Seine Gaben, und es waren ihrer viele, wurden stets im Dienst für andere und im Dienst an dem Einen genutzt. Es mag jenen, die noch nicht um die Wahrheit theosophischer Sicht wissen, paradox erscheinen, doch für Mr. Hodson gab es keinen Unterschied zwischen den "anderen" und "dem Einen". Indem er den anderen diente, diente er dem Einen; während er der Einen Strahlenden Gegenwart und Macht diente, gab er sich selbst den anderen.

Er selbst sagte dazu in seinem Vorwort zu »The Kingdom of the Gods«:
„Was ist denn die entscheidende Entdeckung, der Gipfel des Himalaya? Im Herzen des Kosmos, da ist das Eine.
Dieses Eine besitzt sein Heiligtum und seinen Schrein im Herzen eines jeden Menschen. Die erste große Entdeckung ist die der Gegenwart im Innern ... Letztendliche Identität mit dem EINEN ALLEIN, vollkommen bewußte Absorption für immer im ewigen, selbstexistenten All ist erreicht. Das ist das Ziel."

So widmete er sein gesamtes Leben auf dem Pfad diesem Ziel; so rief er alle, die lauschten, auf, an diesem großen Abenteuer teilzunehmen. Die Worte aus »Die Stimme der Stille« waren für ihn lebendige Wirklichkeit: "Kann es Glückseligkeit geben, wenn alles, was lebt, leiden muß? Solltest du gerettet werden, und hörst die ganze Welt schreien?"

Im Lichte dieser dualen und doch einzigen Frage, war Mr. Hodson weniger daran interessiert, das Ziel zu erreichen, als daran, auf dem Wege die Abenteuer und Erfahrungen zu teilen, „In der Hoffnung", wie er sagte, „daß sie andere Suchende informierten und ihnen hilfreich waren." In diesem Sinne wollte er sein gesamtes Werk verstanden wissen, vor allem die Nachforschungen und Ergebnisse seiner Beobachtungen, welche jetzt in vorliegendem Buch veröffentlicht werden.

EINLEITUNG

GEOFFREY HODSONS HELLSEHERISCHE FORSCHUNG

Während mehrerer Jahre arbeitete Geoffrey Hodson mit verschiedenen qualifizierten Wissenschaftlern zusammen. Er versuchte, das Forschungspotential übersinnlicher Wahrnehmungsfähigkeiten, mit denen er offensichtlich hoch begabt ist, zu demonstrieren. Von 1978 — 1981 war ich als sein Assistent und technischer Berater in zwei derartigen Forschungsbereichen eng mit ihm verbunden.

Zum einen handelte es sich dabei um eine ausgedehnte Reihe von Beobachtungen in Bezug auf die feinstofflichen Auswirkungen von Musikklängen und Musikstücken. Die Wiedergabe seiner Beschreibungen dieser Wirkungsweise ist außerordentlich interessant, sowohl vom künstlerischen, akustischen sowie psychosomatischen Standpunkt aus gesehen, als auch aus noch anderen Gesichtspunkten. Ich nahm mit ihm an annähernd zwanzig mehrstündigen Sitzungen derartiger sowie einer anderen Form von Nachforschung teil. Daher glaube ich, einige Eindrücke von seiner Einstellung gegenüber dieser Arbeit, sowie deren Inangriffnahme wiedergeben zu können.

Ich war immer wieder tief beeindruckt von seiner Integrität und dem kompromißlosen Wunsch, die Wahrheit in jeder Situation zu suchen, ungeachtet eventueller Risiken, in Konflikte mit den feststehenden Ergebnissen des wissenschaftlichen Gefüges oder früherer theosophischer Forscher zu geraten. Gleichzeitig ist er sich durchaus der Schwierigkeiten und Begrenzungen bewußt, die jedem Beobachtungsablauf eigen sind, besonders dann, wenn jemand die feineren Ebenen der Psyche mit einbringt. Er besitzt eine ungeheuer sorgfältige und in der Tat vollkommene Befähigung, was die Handhabung und Lenkung seiner erweiterten Wahrnehmungsfähigkeiten anbelangt.

Meiner Ansicht nach war Geoffrey Hodson vollständig erfolgreich im Hinblick auf seine Ziele

(a) auf die Möglichkeit nicht physischer Forschungsmethoden hinzuweisen,

(b) Material, das für den forschenden Verstand von großem Interesse ist zu liefern,

(c) andere anzuregen, in seine Fußspuren zu treten und sein Werk auszudehnen und zu festigen.

Wellington, New Zealand
Mai 1982

Murray A. Stentiford (M.Sc.)
Physiker

EINFÜHRUNG

Im Verlaufe der Entfaltung des menschlichen Intellekts zu Allwissenheit, entwickelt sich auf einer bestimmten Stufe menschlicher Evolution die Fähigkeit vollkommen bewußter, positiver Hellsichtigkeit. Daraus ergibt sich eine Erweiterung der normalen Reichweite visueller Wahrnehmungsfähigkeit. Sowohl die physischen Strahlen jenseits des Violett, wie auch darüber hinaus das Licht der übernatürlichen Welten werden eingeschlossen. Dies kann beschleunigt werden, indem man sich in der Wissenschaft und Kunst des Erleuchtungsprozesses übt. Diesen Weg nennt der Osten Yoga.

Diejenigen, welche der ältesten und größten aller Wissenschaften, der Wissenschaft der Seele, folgen, versichern, daß die Erweiterung visueller und auditiver Fähigkeiten sowie die Beherrschung dieser Kräfte, zunächst die der eigenen Persönlichkeit und dann die der Natur selbst, vorsätzlich und bewußt erlangt werden können. Jeder, sagen sie, der die notwendigen Bedingungen erfüllt, der den Gesetzen, die ebenso sicher gelten wie jene, denen sich ein Chemiker in seinem Labor unterwirft, gehorcht, vermag den Schleier der Materie zu durchstoßen, der normalerweise den Bereich der ewigen, spirituellen Wirklichkeiten ebenso verhüllt, wie der Schleier des Tages die ewig strahlenden Sterne. Auf diese Weise kann direktes Wissen um die Kräfte und Intelligenzen der Natur erlangt werden, sowie die Fähigkeit, mit ihnen zusammenzuarbeiten, was manchmal »Das Große Werk« genannt wird.

Der Beweis für derartige Versicherungen kann nur im individuellen Experiment und Forschen gefunden werden. Obgleich seine Veranschaulichung zugegebenermaßen unmöglich ist, der Test durch persönliche Nachforschung ist es nicht. Diesen Test habe ich versucht anzuwenden. Dieses Buch ist teilweise ein Bericht eigener Ergebnisse, welche die Lehren der "Alten Weisheit" bestätigen.

Diese Lehren besagen, daß das Universum aus sieben einander durchdringenden Welten oder Ebenen besteht, zusammengesetzt aus Materie verschiedener Dichtegrade. Die physische Welt sowie ihr Gegenstück im Ätherischen, welche dem gewöhnlichen physischen Auge nicht sichtbar ist, verbinden sich zur dichtesten Ebene. Danach folgen, immer feiner werdend, die astrale oder emotionale, die manasische oder mentale, die aus zwei Dichtegraden besteht, geformt und ungeformt, die Buddhische- oder Intuitions-Ebene sowie die Atmische oder spirituelle und zusätzlich zwei weitere Ebenen, die bis jetzt jenseits menschlicher Bewußtheit liegen.*)

Ich selbst fand es bestätigt, daß in diesen überphysischen Bereichen unzählige nicht physische Wesen leben, z.B. Engel und Naturgeister, ebenso wie eine große Vielzahl astraler Emanationen und Gedankenformen, einschließlich jener, welche die Musik hervorbringt. Auf Ebenen, dichter als die vierte Unterebene der Mentalwelt, überwiegt die Tendenz, Gestalt anzunehmen anstatt Rhythmus; wohingegen in den verfeinerten Ebenen Rhythmen als freier Lebensstrom vorherrschen. Wesen, wie Engel niederer Ebenen, zeigen sich dem menschlichen Bewußtsein klarer in körperlicher Form als dies bei Engeln höherer Bereiche der Fall ist.

Die »Lehre der Weisheit« versichert, daß diese inneren Welten ebenso sicher von Gesetz und Intelligenz gelenkt werden, wie dies in der sichtbaren Natur der Fall ist. Viele heutige Wissenschaftler sind zu ähnlicher Schlußfolgerung gelangt, die ich teile, daß Intelligenz in jedem Bereich und jedem Aspekt der Natur am Werk ist. Daher der Ausspruch "Ein Universum, das denkt". Wenn eine derartige Theorie sich als wahr erweist, so wie es die zeitlose Wahrheit immer lehrte, dann wird erkannt werden, daß nicht nur die physisch sichtbaren, tastbaren und meßbaren Phänomene der Natur unter dem Impuls einer ihnen innewohnenden Intelligenz wirken, sondern sich auch die Bewohner der nicht physischen Welten konsequenterweise demselben leitenden Geist unterwer-

*) Vgl. mein Buch »Basic Theosophy, the Living Wisdom« Adyar 1981

fen. Erfahrene Wissenschaftler und Eingeweihte sowie deren Schüler machten im Laufe der Zeitalter diese Entdeckung. Für sie wurde nicht nur das physische Universum, sondern auch dessen ätherisches Gegenstück sowie die feineren Ebenen auf ihre Weise durch göttliche Gedanken bewegt. Diese Vorstellung ist eine Erfüllung oder zumindest Annahme eines derartigen Konzeptes, was die Bewohner der bis jetzt wissenschaftlich noch unentwickelten Reiche der Natur anbelangt.

Soweit mich meine eigenen Beobachtungen und Interpretationen der nicht physischen Ebenen der Natur gebracht haben, schließe ich daraus, daß im Falle unseres Planeten Erde, einschließlich allem Kreatürlichen darin und darauf, ein kontinuierlicher Prozeß abläuft, der dazu bestimmt ist, eine Evolutionsbeschleunigung zu bewirken, an deren Erfüllung Mitglieder der Engel-Hierarchie entschlossen und wirkungsvoll beteiligt sind.*)

*) Diese Einführung sowie Kapitel I enthalten einige kurze Auszüge aus Hodsons Buch »The Kingdom of the Gods«. Nachdruck mit freundl. Genehmigung des Theos.Verl., Adyar.

I

ENGELSCHAREN UND IHR DIENST AN DER MENSCHHEIT

Die in diesem Buch benutzte Bezeichnung LOGOS bedeutet eine Göttliche Wesenheit, allgegenwärtig, als universale, energiespendende Kraft, innewohnendes Leben und lenkende Intelligenz innerhalb der Substanz aller Wesen und Dinge. Diese Wesenheit manifestiert sich im gesamten solaren System als göttliches Gesetz, göttliche Macht, Weisheit, Liebe und Wahrheit, als Schönheit, Gerechtigkeit und Ordnung. Der Logos ist die manifestierte Gottheit, die das schöpfende Wort spricht, durch welches Universen zu Sein und Leben erwachen. Dieser spirituelle Schöpfer ist beides, immanent und transzendent in bezug auf sein System*).

Zum Zeitpunkt einer zyklischen Periode, wenn die Emanation eines Universums stattfindet, erheben sich zwei genau festgelegte existierende Ordnungen. Sie manifestieren sich ganz konkret auf Ebenen, die jenseits derjenigen liegen, auf der alles Eins ist. Einerseits manifestiert sich der Logos als Hierarchie von Wesen, andererseits gießt er**) logoische Kraft sowie logoisches Leben und Bewußtsein als eine nie endende, treibende Kraft zur Entfaltung aus. Jene Hierarchien sind dazu bestimmt, im Verlaufe ihrer eigenen Entwicklung zwei eng miteinander verbundenen Prozessen beizustehen, der logoischen Manifestation, die die Gesamtheit eines werdenden Universums erfaßt, sowie der fort-

*) Näheres zu Logos und Gottheit, siehe in meinem Buch »The Kingdom of the Gods«, Adyar 1980, Kap. I

**) Das Maskulin-Pronomen wird nur dann angewendet, wenn es angemessen ist; das Göttliche Leben selbst ist duale Polarität.

währenden Entwicklung zu größeren und reicheren Stufen von Bewußtsein und Gestaltung. Auf diese Weise existiert im Herzen eines jeden Universums diese zweifache göttliche Manifestation als universale Macht. Sie wirkt auf den äußeren Ebenen als nicht zu widerstehende "Beharrlichkeit", aktiv in unaufhörlicher Entfaltung und Entwicklung. Letzteres ist die Domäne der Erzengel- und Engel-Hierarchien und sichert auf jeder Stufe die kontinuierliche Erfüllung derartiger Evolutionsabläufe, vom Leben im Submineralen bis hin zur höchsten spirituellen Ebene. Dies ist ihre Arbeit bzw. Logoische Mission.

Engel, im Sanskrit Devas, manchmal auch Götter genannt, sind hierarchische Ordnungen von Intelligenzen, die sich vom Menschen in diesem solaren System ziemlich unterscheiden. Sie waren jedoch weder Menschen, noch werden sie es sein. Sie vertreten als allgegenwärtige übernatürliche Wirkkraft den Schöpferwillen des Logos. Sie sind Lenker aller Naturkräfte, Naturgesetze und der Lebensprozesse solarer, interplanetarischer und planetarischer Art. Als Manifestationen des Logos oder des Einen können sie als aktive, kreative Intelligenzen und die Erbauer der Formen aller offenbaren Schöpfung angesehen werden. Von der Dämmerung bis zum Abend des Schöpfungstages sind sie ununterbrochen aktiv als Lenker, Wächter, Designer, Künstler, Schöpfer, Gestalter und Erbauer, stets dem Einen Willen, der Einen Wesenheit und dem Einen Gedanken gehorchend und ihn zum Ausdruck bringend. So sind sie ohne Unterlaß in der zweifachen Manifestation des Logos aktiv. Es muß dabei jedoch immer bedacht werden, daß diese Manifestationen in ihrem eigentlichen Kern nicht wirklich als Zweiheit getrennt sondern vollkommen eins sind.

An dieser Stelle ist es zweckmäßig darauf hinzuweisen, daß, wenn einmal der Zeitpunkt gekommen ist, in dem ein Mensch ausreichend mit und durch das göttliche Prinzip ewiger Entfaltung zu immer größeren und höheren Ebenen aufgestiegen ist und Yoga, gleich welcher Form, ausgeübt wird, es das unabänderliche Ziel eines jeden Yogi ist, klar zu erkennen, daß die Quelle dieser zweifachen Manifestation des Logos in ihrem Herzen NUR EINES oder EINES ALLEIN ist. Yogis wissen, daß auf den höchsten Bewußtseinsebenen eine Vorstellung von Zweiheit nicht existiert, ja nicht einmal vorstellbar ist. Im logoischen Bewußtsein, das Ziel eines jeden Yogi, gibt es nur das Prinzip der Einheit, deren Offenbarung und innerstes Wesen als Eins-Sein erfahren wird. Erlauben es seine geistigen Fähigkeiten, derartiges Wissen zu gewinnen, dann ist für den erfolgreichen Yogi der nächste Schritt völlig darin aufzugehen. Man versteht darunter eine Erweiterung des Bewußtseins auf einer Ebene, auf der nichts anderes als das EINE ALLEIN existent sein kann, obgleich eine innere, individuelle Identität bestehen bleibt.

Offenbaren sich erst einmal diese beiden Arten der Selbst-Manifestation und des Evolutionsprozesses in aktiver Weise, dann beginnt jede Monade bzw. jeder unsterbliche göttliche Geistfunke, dessen Bestimmung es ist, sich in regelmäßiger Wiederkehr durch das Menschenreich zu entwickeln, vermittels einer Serie von Inkarnationen in immer dichter werdender Materie und der Erfahrung eines zunehmend begrenzten Bewußtseins. Sollte sie bis in die äußerste und dichteste Ebene der Körperlichkeit eingetreten sein, so vollzieht sich der Evolutionsprozeß ununterbrochen bis zu seinem Abschluß. Das ist der Augenblick, in dem die Monade selbst zum Logos aufsteigt.

Deva-Monaden sind im Verlauf ihrer Evolution mit einer einzigartigen, im gesamten Devareich zu findenden Mission betreut. Sie tragen die Verantwortung für die Evolutionsvorgänge und stehen ihnen unaufhörlich bei, d.h. sie fördern diese. Die einzelnen Dienst-Leistungen jedoch unterscheiden sich gewaltig voneinander. Sie sind die Akzentuierungen des Tones jenes Schöpferischen Wortes im ganzen Universum, die Anregung des Bewußtseins auf allen Ebenen, sowie die Mitwirkung bei der Formgebung der Göttlichen Ideen. Für diese Vorgänge übernimmt die Deva-Hierarchie als gesamtes die Verantwortung. Jene dreifache Funktion könnte man vielleicht ein "Verwalten der Klänge" oder "Gandharvaschaft"*) nennen. Sie umfaßt die Projektion und Produktion eines Universums, das der göttlichen Vorstellung bzw. dem göttlichen "Wort"

*) Gandharva (sanskr.) bezeichnet einen Deva der Musik. (Anm. d. Hrsg.)

entspricht. Sie schließt auch die Beschleunigung der Entwicklungsvorgänge monadischer Manifestation oder Inkarnation auf allen Stufen des Evolutionsprozesses ein.

Genügend sensitive Menschen, welche die einzelnen Stufen des Devareiches wahrnehmen, erkennen wahrscheinlich zunächst jene Deva-Intelligenzen (Naturgeister und Erbauer der Formen), die mit der Arbeit des ersten der drei genannten Vorgänge betraut sind. Dieses sich weiterentwickelnde Wahrnehmungsvermögen ist im Laufe der Zeit nicht nur auf die Erscheinung der Formen beschränkt. Das Erkennen der beiden anderen Funktionen entwickelt sich immer mehr, die filigrane Gestaltung des Schöpfungswortes innerhalb des gesamten Universums und die Anregung des Bewußtseins auf allen Ebenen. Der im Reifeprozeß stehende Hellseher und, sofern der Ausdruck angebracht ist, Hellhörende, nimmt dann weiterentwickelte Mitglieder der Engel-Hierarchie wahr. Dies kann zu einem Verständnisgrad führen, der seinen Höhepunkt in einer Zusammenarbeit mit den leuchtenden Scharen findet, besonders dort, wo es gilt, das Leid empfindender Kreatur zu lindern. Der Schüler und Mystiker tritt in eine neue und fortgeschrittene Phase seiner Beziehung zu den Engelscharen ein, jener der Segnung, Inspiration und der Linderung des Leidens sowie der Heilung der Kranken. Dies führt zu dem wohl wichtigsten Aspekt der Verwandtschaft zwischen der Menschenfamilie und der Engel-Hierarchie. Es ist die wirkungsvolle Verbindung zwischen Menschen und Engeln, die erhabene und stets zu wünschende praktische Zusammenarbeit in der Beschleunigung monadischer Evolution in beiden Hierarchien.

Erkenntnis der Lebensgesetze kann für den sehenden, hörenden und wissenden äußerst wichtig und hilfreich sein, vor allem in bezug auf die Evolution der Menschheit und ihrer einzelnen Individuen. Sie führt dazu, die Existenz der Mitglieder der Deva-Hierarchie ebenso als Tatsache innerhalb des Sonnensystems und der Erde zu verstehen, wie die dort bestehenden nicht physischen Ebenen. Diese Hierarchie reicht von halbbewußten und im Dämmerzustand weilenden Naturgeistern über die Devas in den inneren Welten bis hin zu den höchsten Erzengeln an der Spitze dieser Hierarchie. Das ist die Reichweite der Engelwesen, die in Verbindung mit dieser Welt stehen. Dies ist die immer umfangreicher werdende Weisheit, die der Schüler erlangt, wenn er die Engelscharen mit ihren einzelnen Abstufungen erkennt. Das geschieht, indem er die Lehren anderer annimmt und, was das wesentliche ist, aufgrund direkter persönlicher, durch geistige Schau vermittelter Erfahrung. Beide Aspekte inspirierten meine Bücher über dieses Thema und ließen sie entstehen, wobei mir nach und nach vermehrte Information über die Scharen der Engel zuteil wurde. Die Hauptfunktion der Deva-Hierarchie wird sowohl in dem Buch »The Kingdom of the Gods« als auch an anderer Stelle dieses Werkes beschrieben. Dennoch ist es im Hinblick auf intellektuelles Voranschreiten, persönliches Wachstum und besonders hinsichtlich der Erfüllung selbstlosen Dienstes wünschenswert, daß ein solches Wissen ständig zunimmt. Ernsthafter gesinnte Menschen können so eine Beschleunigung ihrer Evolution erreichen und ihr Leben tiefer dem Dienst an anderen weihen, vor allem jenen, die direkter Hilfe bedürfen.

Psychosomatische Grundsätze, welche anerkannte Ärzte in diesem Jahrhundert entdeckten, sind ein Teil des zweifachen Prozesses spiritueller und mentaler Heilung. Sie waren allzeit einigen wenigen, auch Nicht-Ärzten, bekannt, die sie verstanden und anzuwenden wußten. Mitglieder der Engelscharen, die jenen Menschen zur Seite stehen, deren Dienst sich im Zusammenhang mit der Heilung Kranker vollzieht, sind besonders wertvoll bei der Korrektur mentalen und emotionalen Fehlverhaltens und negativer Zustände, die für psychische Krankheiten verantwortlich sind.

Die dienenden Menschen ihrerseits wirken primär auf physischen Ebenen und sekundär, obgleich außerordentlich wichtig, auf ätherischen, astralen und festumrissenen mentalen Materiestufen. Sie helfen ebenfalls dabei, die aus diesem Stoff gebildeten menschlichen Körper zu heilen. Ein 'gebrochenes Herz' z.B., mit seinen höchst schmerzhaften Auswirkungen auf den Körper des Leidenden, hat seinen entsprechenden unerwünschten Zustand auf den nicht physischen Ebenen. Dieser kann durch die Engel beseitigt werden. So haben durch mentale Fehler, Störungen und Krankheiten hervorgerufene Angewohnheiten ihre damit verbundene Existenz im Geist-Körper. Mit menschlicher Hilfe können sie nach und nach verringert, ja sogar ausgemerzt werden, besonders dann, wenn Mitglieder beider Hierarchien zusammenarbeiten.

Nicht nur gebrochene Herzen, sondern alle emotionalen Schmerzen beeinflussen den Astralkörper des Leidenden. Auch sie können durch die Zusammenarbeit von Engeln und Menschen verringert und beseitigt werden. Dies gilt besonders für die Verfahren, derer sich jene Heiler bedienen, die nicht notwendigerweise Ärzte sind, obgleich letzteren ebenso beigestanden wird. Daher kann nicht nur in den Bereichen von Gesundheit und Wohlbefinden, sondern ebenso auf zahlreichen anderen Gebieten, durch aufrichtig gesuchte und weise gelenkte Teilnahme der Engel, eine wirkungsvolle Heilung von nahezu allen Leiden erreicht werden.

Zugegeben, der Wächter am Tor eines solchen "Heil-Tempels" steht unter der Herrschaft jenes großen Hüters des menschlichen Schicksals, das Karma oder Karmisches Gesetz genannt wird, jenes universale Gesetz von Ursache und Wirkung, welches jedem menschlichen Wesen absolute Gerechtigkeit zusichert*); dennoch gibt es keine menschliche Notlage, die, selbst bei strengstem karmischen Gebot, nicht auf irgendeiner Ebene segensreichen Beistand erfährt. Selbst das Wissen der Leidenden, daß solche Segnungen für sie erbeten werden, ist hilfreich, und sei es nur, um den inneren Schmerz, der primär auf Einsamkeit zurückzuführen ist, zu vermindern oder zu beenden.

Der dienende Helfer vermag besonders zu Beginn die psychische und feinstoffliche Beziehung zu den physischen Beschwerden kaum zu erkennen**). Das vermindert aber in keiner Weise die Bereitschaft zu helfen oder den Beistand jener Heilengel, für welche die psychische Disharmonie vielleicht näher an der

*) Siehe mein Buch »Reincarnation, Fact or Fallacy?«, bes. Kap. "Reincarnation", Adyar 1970
**) Siehe mein Buch »Basic Theosophy, the Living Wisdom«, bes. Kap. "Man's Cosmic Powers".

Wurzel der Leiden liegt als die tatsächlich physische. Jene, die um die Existenz der Engel sowie deren Wirken wissen und sie verstehen, besonders aber die "Sehenden", sind fähig, unmittelbarer am spirituellen Heilvorgang mit Hilfe von Engeln teilzunehmen, als jene, die noch nicht so begabt sind. Dieses Wissen hängt jedoch nicht nur von Hellsichtigkeit ab. Geistige Schau kann von größtem Wert sein; sie ist allerdings, wenngleich gründlich geprüft und erprobt, keineswegs eine Notwendigkeit für den Dienst am Mitmenschen, gleich in welcher Stellung oder in welchem psychischen Zustand er sich befindet. Intuitives Wissen ist eigentlich gleichwertig und kann ebenso überzeugend und wirkungsvoll sein, denn die tatsächlichen spirituellen Bedürfnisse und Heilungsprozesse werden unmittelbar von mitwirkenden Heil-Engeln erkannt und behandelt; folglich sei die Wichtigkeit solcher Zusammenarbeit nochmals betont. Ideale Heiler aller menschlicher Krankheiten sind daher jene, welche aufgrund von Studien und geistigen Erfahrungen fähig sind, mehr und mehr bewußt Mitglieder der Heilengel anzurufen und mit ihnen zusammenzuarbeiten.

Außerdem gibt es auch noch den überaus wichtigen Dienst selbstloser Helfer der Menschheit, die Individuen, Gruppen, ja sogar Nationen vor ihrem Weg in Unglück und Niedergang bewahren, vor Gefahren, die unglücklicherweise in schrecklichen Ausmaßen existieren. Hier ist die wahre und wirksamste "Medizin" das Wissen und die Anerkennung einer geistigen Führung, wie sie von den großen Meistern der Weisheit (Theosophia) über die Natur des Menschen und den Sinn seiner Existenz vermittelt wurden. Unglücklicherweise wurde und wird solche Führung nicht genügend beachtet, obgleich sie seit undenklichen Zeiten zur Verfügung steht. Selbst fehlgeleitete und selbstsüchtige Kranke wurden jedoch durch die weise und annehmbar dargebotenen Lehren der "uralten Weisheit" 'gerettet'; und das können sie glücklicherweise auch heute noch. Das schließt Wissen ein über die Natur und den Sinn des Lebens auf diesem Planeten, ebenso wie um die Existenz der Engelwesen. Solches Wissen kann von nahezu unermeßlicher Hilfe für jene sein, die sich an der Schwelle des Untergangs befinden oder sogar schon gefallen sind.

II

HEPHAESTUS
Der griechische Feuergott

Homer und andere Autoren schrieben den höchst faszinierenden 'Mythos' vom Leben und Wirken des göttlichen Schmiedes Hephaestus. Dieser Mythos ist, abgesehen von einigen Ausnahmen, eine bezaubernde und sogar humorvolle Geschichte, obgleich sie teilweise recht tragisch verläuft. Einige Stellen in der griechischen Mythologie mögen darauf hindeuten, daß die Dichter wohl von dem einen oder anderen der sieben griechischen Weisen inspiriert waren.

Hephaestus' Meisterschaft über Metalle und seine Fähigkeit, nicht nur Waffen und sonstige Metallgegenstände zu schmieden, sondern auch Lebewesen zu schaffen, (z.B. seine Dienerinnen und Pandora mit ihrem Kasten, den sie tragischerweise öffnete), sind Ausdruck hoher okkulter Kräfte. Die Leistungen stehen, so vermute ich, möglicherweise symbolisch für die grundlegenden Evolutionsprozesse des innewohnenden Lebens, angefangen vom Mineralreich über das Pflanzen- und Tierreich hin zum Menschenreich und noch darüber hinaus; letzteres wird durch den Eintritt in die Unsterblichkeit auf dem Olymp dargestellt. Die Tatsache, daß Hephaestus, der ein Nachkomme des Zeus war, dem Vater der Götter und Menschen, dem höchsten Herrscher auf dem Olymp, sowie der Hera, dessen Weib — oder vielleicht auch der Hera allein — mag auf die Herkunft seines Seins hindeuten. Auch zeigt sie seinen Evolutionsweg an, der über die Deva und Deva-König Bewußtseinsstufen und geistigen Erkenntnisse führt. Das Devareich ist ja eine Energieausstrahlung und ein Sproß der höchsten Gottheit.*)

*) Siehe mein Buch »The Concealed Wisdom in World Mythology« (Adyar: Theos. Verlag, 1983)

Kann man diesen Gedankengang annehmen, dann beweist die Fähigkeit, hartes Metall so geschmeidig zu machen, daß daraus beliebige, oft sogar sehr schöne Formen gehämmert und geschaffen werden können und darüber hinaus die Tatsache, aus Metall Gold, sozusagen Lebewesen hervorzubringen, die Möglichkeit, auf Leben und Bewußtsein jener Naturreiche einzuwirken. Das würde die Macht einschließen, jenes in groben Substanzen wie Blei, Eisen und Fels verkörperte Leben auf wunderbare Weise vielleicht in lebende menschliche Wesen zu übertragen. Es wäre ein Beweis für die Kraft, der Evolution dieses verborgenen Lebens zu helfen.

Der Schüler der Geheimwissenschaft wird dabei sofort an die Funktion einer bestimmten Deva-Schar erinnert, welche eng mit der Evolution des Lebens, das seinen Ausdruck in der Form findet, verknüpft ist. Sie ist während eines großen Schöpfungstages damit beschäftigt, den Evolutionsprozeß zu beschleunigen. Gleichzeitig wird der Befreiungsvorgang des Lebens aus dem Gefangensein innerhalb eines Reiches vorangetrieben, des Mineralreiches z.B., sowie dessen Aufnahme in die zusammengesetzte Materie, aus welcher der menschliche Körper aufgebaut ist. Aus dieser Sicht gesehen personifiziert Hephaestus jene Devas, denen die Aufgabe übertragen wurde, in erster Linie die evolutionäre Entfaltung zu stimulieren und das Voranschreiten von einem Naturreich in das nächstfolgende zu beschleunigen. Meine Bemühungen, das Königreich der Götter zu untersuchen sowie eine Art Freundschaft mit Angehörigen der Engelscharen, enthüllten, daß diese Hephaestus-Arbeit die Funktion bestimmter Mitglieder der Deva-Hierarchie ist.

Die Tatsache, daß während unnennbarer Zeiträume diese Wesen sich mit den Substanzen des Planeten Erde beschäftigen müssen, insbesondere mit den Mineralien und Pflanzen, unterstützt diese Schlußfolgerung. Auf solch eine "Begrenzung" wird mit dem Gebären des Hephaestus aus dem Himmel, seiner Häßlichkeit und seinem Gelähmtsein, was, wie ich annehme, lediglich Symbole für die offenbar angenommenen Beschränkungen sind, hingewiesen.

In »The Kingdom of the Gods« habe ich "Götter" beschrieben, die auf diese

Weise beschäftigt waren. In einigen Illustrationen wurden sie in der Mitte derartiger Aktivitäten dargestellt, die Götter des Berges z.B. oder die Baum-Devas. Ich bin sicher, daß darüber hinaus die gesamte Hierarchie der Gandharvas, jener Engel der Musik, die unablässig das schöpferische "Wort" aus den formlosen Ebenen der Natur er- und zurückklingen lassen, einen ununterbrochenen evolutionsfördernden Einfluß auf das Leben in aller Natur sowie auf das innere Selbst der Menschen ausübt.*)

Mit dem "Ausgießen" der Kundalini Feuer-Shakti (verborgene Elektrizität bzw. geistige Essenz) in das schlafende Leben der Minerale, wurde dieses Leben für das allgemeine Aus- und Einströmen evolutionsfördernder Kraft, welche Landschafts-Devas überall in der Welt sowohl in Minerale als auch in Pflanzen einfließen lassen, empfänglicher gemacht. Die göttliche Vorstellung von der molekularen Zusammensetzung und endgültigen Form und Gestalt des Pflanzenreiches durchdringt, erfüllt oder tränkt diese abwärtsgerichtete Energie und läßt sie in ihrer Frequenz schwingen. Die aus- und einströmenden Kräfte, welche die Devas dem Mineral- sowie Pflanzenreich des Planeten 'einspritzen', erfüllen auf diese Weise eine doppelte Funktion. Sie beschleunigen die Evolution des innewohnenden Lebens und machen dieses aufnahmebereiter für den göttlichen, gestaltgebenden Gedanken, wobei gleichzeitig die Durchdringung zunimmt. Dies bewirkt, daß Materie dazu veranlaßt wird, die zahllosen Formen des Planeten rascher dem göttlichen Gedanken bzw. dem Wort des Logos entsprechend hervorzubringen.**

Dieser zweifache Dienst, Evolutionsbeschleunigung und Formgebung, wird in der Hephaestus-Sage von der Schmiede und ihren eigenen sowie mit ihr in Verbindung stehenden Gegenständen, die für die göttliche Idee zunehmend empfänglicher werden, dargestellt. Es ist wie bei einem Metall, z.B. Eisen, welches aufgrund von Schmelzen und Erweichen dem formgebenden Prozeß durch Amboß und Hammer nach der Vorstellung des Schmiedes zugänglicher

*) Gandharvas »The Kingdom of the Gods«, pp. 231, 232

**) ebd. Tafel 9, 12 und 17

ist. Bei der zweiten Funktion handelt es sich um eine ununterbrochene Beschleunigung des Evolutionsprozesses innerhalb des Lebens, das in allen mineralischen, pflanzlichen, gasförmigen und flüssigen Dingen verkörpert ist.

Die Tatsache, daß Waffen und Geräte, die in Hephaestus' Schmiede hergestellt wurden, alle oder beinahe alle, entweder für Helden oder Halbgötter bestimmt waren, zeigt, daß göttliche oder "halbgöttliche" Prozesse in der Natur von größerer und rascherer Wirksamkeit sind als normalerweise. Es ist typisch für die Macht der Devas, dieses aller Natur innewohnende Leben zu fördern und es dadurch aufnahmebereiter für die göttlichen Gedanken zu machen als dies ansonsten der Fall wäre.

III

EIN KUNDALINI DEVA

Urquhart's Bay, Onerahi, Whangarei, New Zealand

Farbtafel 2

Tief im Innern der Erde erhebt sich Kundalini, die Lebenskraft, aus einem großen, vielleicht im Zentrum des Planeten liegenden Feuer. Ein caduceusähnlicher Strom steigt in konzentrierter Form durch den ganzen Berg hinauf und schießt etwa dreihundert Meter hoch in die Luft. In der Mitte dieses Stromes, oberhalb des Gipfels, kann der große Deva wahrgenommen werden. Jene so besondere und räumlich festgelegte dreifache Strömung, IDA (feminin), PINGALA (maskulin) und SUSHUMNA (neutral) strebt durch ihn hindurch aufwärts.*)

Die untere Aura des Deva öffnet sich wie eine umgedrehte, sich weitende Schale etwa dreißig Meter nach unten. Die Strömung selbst erreicht dann jene Stelle, an welcher der 'Körper' wäre und verdichtet sich zur dreifachen Kundalini. Dieser feurige Strom wandert durch das Zentrum des 'Körpers' aufwärts, indem sich Sushumna aus dem 'Haupt' des Deva erhebt, Ida zur Linken (die Strandseite des Ozeans) und Pingala zur Rechten (die Seite der Urquhart Bay). Doch sie steigen gleichzeitig auf und breiten sich dabei aus.

Aus Höhen oberhalb des Deva und hinab durch die Aura**), jedoch nicht im

*) Siehe »Kingdom of the Gods«, pp 238-241

**) Engel und Menschen haben eine Aura von feiner, unsichtbarer, nicht physischer Essenz auf den ätherischen, astralen, und / oder mentalen Ebenen. Siehe C. W. Leadbeater » Der sichtbare und unsichtbare Mensch«

zentralen Bereich, strömt eine ungeheure lebensstimulierende Kraft herab, welche der Deva ebenfalls vermittelt. Es entsteht dadurch eine fast säulenförmige Aufwärtsbewegung i n n e r h a l b des Deva sowie eine Abwärtsbewegung von hoch oben in einen sich kontinuierlich erweiternden Strom, ähnlich einem umgekehrten Trichter, der mehr als eine halbe Meile, wenn nicht sogar noch mehr, in den Felsen unterhalb hineinragt.

Die zentralen C h a k r e n , welche die Lebenskraft zwischen den Ebenen übertragen*), liegen an ihren normalen, den Menschen ähnlichen Stellen und leuchten seltsamerweise nicht nur in eine Richtung, sondern sowohl nach vorne, uns zugewandt, nach rückwärts sowie nach beiden Seiten. Jedes Chakra ist daher einer vierfältigen Wurzel vergleichbar.

Ich habe den Eindruck, daß die Kundalinikraft im Innern heraufgezogen wird und sich um jene Form herum konzentriert, die, wenn man das Wort hier anwenden kann, die Seele des Deva darstellt mit ihren ausstrahlenden und ausströmenden Kräften, welche die Aura bilden. Die Höhe der zentralen Form umfaßt mindestens das Dreifache des kahlen, felsähnlichen Gipfels, wo die Vegetation endet, möglicherweise sogar noch viel mehr.

*) Siehe C. W. Leadbeater, »Die Chakras«

IV

EIN ERZENGEL DES SCHÖPFERISCHEN LICHTES

Onerahi, Whangarei, North Auckland

Während eines Ferienaufenthaltes in Onerahi, einige hundert Meilen nördlich von Auckland, Neuseeland, dachten meine Frau Sandra und ich eines Morgens gemeinsam über die Hierarchie der Devas dieses Planeten und ihre Funktion im Werdegang der Natur nach. Plötzlich erschienen am Himmel oberhalb unseres Hotelfensters eine Anzahl großer, strahlender Devas. Einer von ihnen näherte sich uns und sandte folgende Mitteilung in mein Bewußtsein: „Wie du, so sind auch wir, die Angehörigen der Deva Hierarchie, Manifestationen jener großen Abläufe der geoffenbarten Schöpfung. Wir gehen aus der tiefsten inneren Quelle des äußerlich erkennbaren, objektiv existierenden Universums, des Einen, hervor."

Ich erinnere mich nicht, jemals zuvor ein derartig großes Wesen wahrgenommen zu haben. Ich vermag es nur als individualisiertes Erzengel-Zentrum schöpferischen Lichtes zu beschreiben. Formgestaltende Ideen und Kraftströme, begleitet von Licht, strahlten wie aus einem sternengleichen Energiezentrum von diesem Engel aus. Der Deva-König schien individuell, doch mit kosmisch erweitertem Bewußtsein, die Aufgaben zur Bildung und Erhaltung des Universums auszuführen. Einige der weißen, fünfstrahligen, vierdimensionalen Sterne befanden sich offenbar ständig im oberen Bereich der weithin strahlenden Aura. Dennoch schienen sie seltsamerweise ununterbrochen ihr Licht auszusenden und zu übertragen. Daraufhin verschwanden sie, als ob die Quelle des Lichtes ihre Manifestation beendet hätte. Dieses fand im gesamten oberen Bereich der Aura statt, nicht nur vorne, sondern auch seitlich und hinter dem erhabenen leuchtenden Wesen.

Als dominierende Farbe der unteren Hälfte der Aura, welche sich nach unten hin ausdehnte und zwar von einer Region aus, die mit dem Solar Plexus beim Menschen vergleichbar wäre, zeigte sich Blattgrün mit Spuren von Gold und Weiß, die wie Strahlen darin leuchteten. Schwingenförmige Ausstrahlungen, himmelblau und goldfarben, glühten über den 'Schultern' hoch in die Luft hinein. Die 'Augen' glichen eher großen Lichtzentren, denn unseren menschlichen Organen. Die goldene Farbe flammte innerhalb des 'Kopfes' auf und strahlte darüber hinaus empor. Die aurische Aktivität dieses großen Wesens war klar umrissen, schwingengleich und flügelförmig.

V

EIN DEVA-KÖNIG PLANETARISCHER MACHT

Lion Rock, McLeod's Bay, Whangarei Heads

Farbtafel 3 und 4

Die aurische Form und das Bewußtseinszentrum bzw. der 'Kopf' dieses Deva ragt weit über den physischen Felsen hinaus. Der große, fast riesige abwärtsgerichtete Schwung des unteren Teiles der Aura bedeckt den gesamten dreistufigen Berg. Die Hauptfarben erstrahlen in purpurnem Licht mit einem hellen Grasgrün zur Linken, der See zugewandt. Weiße Kraftströme fließen in relativ schmalen Bächen innerhalb und außerhalb der zentralen 'Form' abwärts und haben eine nahezu gefaltete Wirkung.

Eine weiße, evolutionsfördernde Kraft wird durch die untere Aura 'geschleust', tief in den darunterliegenden Felsen hinein. Sie reicht tatsächlich bis unterhalb des Wasserspiegels und steigt etwa um die Hälfte der Berghöhe hinab. Eine ungeheuer starke Stimulation und intellektuell gesteuerte Aktivität ist klar zu erkennen. Sie ist von einer Intensität, die jenseits menschlicher Vorstellungskraft liegt, als würde sie von einem übermenschlichen Wesen, das mit höchster Macht arbeitet, ausgeführt. Dieser felsbildende, herabfließende und ausströmende Fluß spiritueller Energien reicht bis hinunter in das Hafenwasser unterhalb des Berges, hinaus in die See und auf das Festland der Umgebung.

Zusätzlich wird aus dem oberen Drittel der Deva-Gestalt, vergleichbar dem Bereich der Schultern beim Menschen, quer über das Zentralmassiv des dreifachen Gipfels des Lion Rock ein weiterer Strom von blauer Energiestrahlung in vertikaler Richtung in den Boden hineingetrieben. Dort mischt er sich mit jenen hervorspringenden purpurnen und weißen Kräften. Der 'Kopf' des Deva liegt, soweit man hier mit menschlichen Maßstäben messen kann, etwa dreimal höher als der Fels zur Rechten. Die Aura auf und innerhalb des Bereiches von 'Gesicht', 'Nacken' und 'Herz' ist von purpurner Farbe mit lichten Begrenzungen unbestimmter, doch erkennbarer Kontur, die Kopf, Nacken und Herz eines Menschen ähnelt. Aus dem Herzen strömt etwas aus, das zunächst wie ein vierfaches, kreuzähnliches, nach allen Seiten weisendes Mandala auf Herzhöhe erscheint und weit jenseits meiner physischen Sicht liegt. Es ähnelt einem riesigen Leuchtturm, der vier große Kraftströme aussendet. Der Bereich der 'Kehle' erstrahlt in demselben oben genannten grasgrünen Licht. Die Region um den Brennpunkt der 'Augen' hat einen Durchmesser von etwa zwanzig Zentimetern oder mehr. Das Bewußtseinszentrum liegt ungefähr an der Stelle des 'Kopfes'. Strahlen einer sichtlich feineren und zarteren Kraft entströmen der gesamten Region des 'Kopfes' und setzen sich um das etwa sechsfache darüber hinaus fort. Auf einer höheren Ebene sieht man ein wunderbares Aufsteigen von weißen, goldenen und purpurnen Farben, die weit über meine Sichtweite hinausragen. Im Ablauf dieses Phänomens scheinen innere 'Explosionen' stattzufinden, die eine herrliche, mit Edelsteinen besetzte Feuer-Krone hervorbringen, über der vertikale Kraftströme ausstrahlen.

Der Deva-König kann klarer wahrgenommen werden, wenn man ihm von einer höheren Bewußtseinsebene — Atma, Buddhi, Manas — aus begegnet. Hier ist seltsamerweise das Gefühl für Individualität stark ausgeprägt, und man erkennt das innewohnende Selbst dieses wahrhaft glorreichen Wesens. Seine Hauptfarben scheinen weitgehend Weiß zu sein, mit einer Beimischung von purpurnen und topas-ähnlichen Schattierungen.

Ich muß annehmen, daß es sich bei diesem großen Wesen um einen reinen Erster-Strahl Deva-König*) handelt, der mindestens seit den Tagen von Atlantis auf den Whangarei Heads ansässig ist. Ich habe den Eindruck, daß die evolutionsfördernden, abwärtsgerichteten Strahlen tief in die Erde unterhalb des Hafens eindringen. Dasselbe gilt für eine weite Fläche versunkenen Landes jen-

*) Die sieben Strahlen weisen auf die Kräfte und Qualitäten der sieben verschiedenen Temperamente hin, wobei der Erste Strahl der königliche Strahl von Führerschaft und Willenskraft ist. (Anm. d. Hrsg.)

seits der Küste, einschließlich einiger Inseln, sogar bis zu einer Entfernung von einigen fünfzig Meilen vom Felsen selbst aus. Scharen zusammenarbeitender Devas, bis hinab zu hochentwickelten Sylphen, wirken innerhalb dieser Ströme von ihnen geleiteter Kraft sowie in der Aura des Lion Rock Deva. Während sie gleichzeitig zusätzliche Fähigkeiten erlernen und anwenden, werden alle Angehörigen der Deva-Hierarchie selbst in ihrer Evolution gefördert und assistieren wirksamer bei der Übermittlung von Evolutionskräften für das Land unter ihnen.

Der Bewußtseinszustand dieses großen Deva, der ruhig und von allem Äußeren abgewandt, vollkommen auf die eine planetarische Funktion, die ihn beschäftigt, ausgerichtet ist, beeindruckt mich sehr. Meine Studien erwecken im Gegensatz zu anderen Devas nicht den leisesten Widerhall. Ich nehme an, das Zentrum der Bewußtheit ist vollkommen im höchsten Aspekt seines Wesens (Atma) verankert, auf dessen spiritueller Stufe ich nun das außergewöhnliche Phänomen der in vier Hauptrichtungen ausstrahlenden reinen weißen Kraft sehe, zum Ozean, aufs Festland und im rechten Winkel zu jeder Seite hin. Im Zentrum liegt reine atmische bzw. spirituelle Individualität. Die anderen Strahlungen bestehen aus dem innersten der drei Träger — atmisch, buddhisch und manasisch — aus dem teilweise die zahlreichen wunderbar funkelnden Energieströme sprühen. Jeder einzelne strahlt, als wäre er von innen her erhellt. Die Hauptfarben sind Purpur und Grün, durchwebt mit Weiß. Dieses Ausgießen besteht nicht aus einzelnen, durchgehenden und immerfließenden Strömen, sondern es ist auch aufgrund geringer Unterbrechungen wirksam. Jede überträgt sorgfältig konzentrierte, evolutionsstimulierende und lebensfördernde aufeinanderfolgende 'Noten', um ein Wort aus der Musik zu gebrauchen.

Purpur ist die vorherrschende Farbe der unteren Aura. Eigenartigerweise ist, insoweit ich es richtig erkenne, dort, wo bei einem Menschen der 'Körper' wäre, hauptsächlich vom Nacken und den Schultern abwärts bis fast zur Erdoberfläche, die Anordnung n i c h t trichterförmig, sondern nahezu geometrisch viereckig bzw. vierseitig und ungeheuer machtvoll. Dieses unbewegliche Innere oder Fundament stabilisiert die gesamte 'Mechanische' Struktur und ist eine Erweiterung in die Form-Welten des angenommenen 'Körpers' dieses großen Wesens, die fast bis hinunter zur niederen, der physischen Ebene nahen Astralebene reicht. Die 'Schultern' selbst wären etwa in der Höhe des größten Felsens oberhalb der Wasseroberfläche anzusetzen.

Ich nehme ferner einen Ausdruck absolut losgelöster Ruhe wahr, unpersönlich bis zum höchsten Grad. Es hat den Anschein, als sei er, wenn möglicherweise auch nicht völlig, unabänderlich starr und felsenähnlich. Das gleiche gilt, wenn ich dies in aller Demut sagen darf, für jene mächtige Intelligenz, den großen Deva-König von North Island, Neuseeland, dessen Aufmerksamkeit vollkommen nach innen gerichtet zu sein scheint, in verwirklichter Einheit und Identität mit der namenlosen Quelle des All.*) Auf diesen Ebenen existiert etwas, vermute ich, das man wohl vielleicht als ABSOLUTE STILLE bezeichnen kann, eine felsengleiche Ruhe, die sich zweifellos im Laufe von endlosen Zeitaltern als Manifestation der einen Höchsten Existenz entwickelte.

Weitere Nachforschungen bestätigen meine früheren Beobachtungen in Bezug auf den Mahadevaraja von North Island (vgl. Farbtafel 4). Ich erkenne nun, daß dieses Losgelöstsein, dieses Schweigen, für innere Wahrnehmung und äußere Lenkung von Kräften notwendig ist. So wie eine elektrische Maschine, die aus Stahl gebaut wurde, in sich selbst bewegungslos ist, obgleich innerhalb und außerhalb Bewegung eintritt, so mag auch dieses wunderbare Wesen in Ehrfurcht wohl als devischer elektrischer Kraftgenerator und -verteiler betrachtet werden. Es gleicht einer immensen Quelle des innewohnenden Lebensbewußtseins der Natur, einem Stimulator der Evolution. Die Farben dieses Deva-'Kraftwerkes' sind Grün und Schiefergrau, mit Flammen und Flächen von Gold.

Die gesamte Aura hat eine Ausstrahlung von einer halben Meile über Mt.Manaia, Whangarei Heads, hinaus und etwa einer dreiviertel Meile rund um Mt.

*) Siehe Kapitel 8

Aubrey. Sie besteht ebenfalls aus gewaltigen ausfließenden Strömen bzw. Linien aurischer Kraft. Teile der Aura dringen ziemlich tief in den Mt.Manaia ein. Zusätzlich treten von den 'Schultern' des Deva weitausladende, aufwärtssteigende aurische Kräfte, die hauptsächlich grün und goldfarben sind und lichtgelbe Spitzen haben, hervor. Ein außergewöhnlich großes Chakra in vielen Farbtönen liegt im 'Kehlkopf'. Es ist zweifach, nach vorne und hinten schauend. Es nimmt Kraft aus noch höheren lichten planetarischen Ebenen (atmisch), ja selbst aus Sphären des Solaren Systems auf und überträgt sie. Scharen von noch nicht individualisierten Sylphen bewegen sich ständig in dieser Energie, welche aus allen Richtungen, hauptsächlich jedoch von den 'Schultern' und den Seiten des 'Kopfes' ausströmt. Das Bewußtsein dieses erhabenen Deva beeindruckt mich ungemein. Es ruht in absoluter Schweigsamkeit, unbeweglich und gelassen, gleichzeitig jedoch für Aufnahme und Weiterleitung der gewaltigen Kraft in jene unter seiner Verantwortung stehende Bereiche Sorge tragend. Ich möchte annehmen, daß er eine äußerst wichtige, fast planetarische Position inne hat und so ein Energien lenkendes Amt für unsere Erde ausübt. Dieses große Wesen wirkt für den Planeten in gleicher Weise wie andere Bevollmächtigte aus der Deva-Linie, die als Empfänger und Verteiler von Kraftströmen überall auf der Erdoberfläche eingesetzt sind. Der Deva der südafrikanischen Wüste Karoo ist einer von ihnen, während am Nord- und Südpol mächtige Konzentrationen devischer Kräfte ihre Ausstrahlungszentren besitzen.

Auf diese Weise wird der gesamte Globus auf wunderbare Art 'im Gleichgewicht' gehalten, was jenseits unseres Verständnisses liegt. Dieses Prinzip erhaschte ich als eine Form, welche die sichtbare Kontur des sechsstrahligen Sternes annahm. Aufgrund von Kontaktaufnahme und Kenntnis, besonders aber von gewonnenem Verständnis, sehe ich nun, daß ich das Prinzip planetarisch-ausgleichender Kraft mit hellseherisch sichtbaren Aura-Formen vermischte. Heute erkenne ich, daß, ausgenommen als aktiv wirksames Prinzip im höchsten geistigen Sein sowie in der Aura des Deva-Königs, keine derartige mental-astrale Form sichtbar ist. In Bezug auf die höher mentalen Ebenen, wo Prinzipien regieren, war meine Annahme zutreffend, doch was die Astralebenen anbelangt, läßt sich dies nicht sagen.

Ich wage zu behaupten, daß ich auch eine Devi, in welcher das weibliche göttliche Prinzip auf einer erhabenen spirituellen Ebene manifestiert ist, wahrnehme. Dieses Wesen ist eine wunderbar strahlende, vielfältig geschmückte Mitarbeiterin. Ihre Krone besteht in erster Linie aus einem Ring blitzender, edelsteingleicher Lichtzentren, der den gesamten 'Kopf' und die 'Stirnpartie' umgibt. Aus ihr und den Zentren flutet ein sanft sich weitender Strom von diademähnlichen Kraftbündeln.

Ich erkenne eine beachtliche Menge an Purpur in der Aura dieser großen Devi. Auch ist sie im Gegensatz zur relativ unbeweglichen Festigkeit des Deva frei, um sich hoch in die Lüfte zu bewegen. Die Funktion dieses erhabenen Wesens bleibt mir verborgen, ausgenommen, daß sie fast sternengleiche Kraftzentren besitzt, welche sie mit der inneren Aura des Deva verschmelzen läßt. Dabei bewahrt sie ein gewisses Gleichgewicht innerer Energie, indem sie die Quantität ausfließender Kraft ersetzt.

Von dieser Devi nehme ich den Gedanken auf: "Ich halte das Kräftegleichgewicht innerhalb des zentralen und mehr individuellen Aspektes des Deva aufrecht. Dabei entsteht ein Wechselspiel positiver und negativer Energie zwischen uns. Ich selbst schwebe bewegungslos während dies geschieht. So empfange und gebe ich, obgleich es in der Hauptsache, wenn auch nicht ausschließlich, meine Aufgabe ist, dazu beizutragen, die zentrale, individuelle 'Form' zu erhalten. Er ruht, ich bin in Bewegung. Er gießt ununterbrochen aus, ich fülle auf, wobei das Gleichgewicht bzw. die Balance verschiedener Energien, die an Vorgängen beteiligt sind, für welche wir beide in diesem Bereich des Planeten die Verantwortung tragen, aufrechterhalten wird."

VI

EIN MAJESTÄTISCHER LANDSCHAFTS-DEVA

Mt. Manaia Range, McLeod's Bay, Whangarei Heads

Farbtafel 5

Ein erhabener Landschafts-Deva beaufsichtigt die Gebirgswelt der Whangarei Heads, welche von Mt. Manaia im Süden und einem kleinen Berg im Norden abgeschlossen werden. Er hält sich über dem Zentralmassiv auf, wobei er normalerweise in etwa halber Höhe über dem Gipfel des Mt. Manaia schwebt. Die zentrale Figur ist außerordentlich groß, mindestens so hoch wie der Berg zur Linken, der ungefähr sechshundert Meter mißt.

Der untere Teil der Aura, von der Höhe der 'Schultern' ausgehend, umschließt den gesamten Bereich, für den der Deva, was die Belebung der Evolution betrifft, verantwortlich ist. Die Aura ist dementsprechend sehr ausladend. Ihre vorherrschende Farbe ist Blattgrün, und sie befindet sich in ständiger wellenförmiger Bewegung. Jede Welle und jede kleine Woge strahlt dabei schillernd auf, Himmelblau und stark leuchtendes Dunkelrot einschließend. Kraftströme ergießen sich über uns in der McLeod's Bay, ja sogar weit über die Hafengrenzen hinaus.

Die obere Aura dieses wahrhaft riesigen Wesens ist dort, wo sich 'Kehle', 'Herz' und 'Solar Plexus' befänden, violettfarben und erglänzt auf beiden Seiten in einer Farbe, die zu schwierig zu beschreiben ist. Lichtes Braun, von innen her leuchtend, käme dem am nächsten; darauf folgen mehr von jenem Grün und einem Hauch des Violett der Aura, das bis an die äußeren Ränder reicht. Hoch darüber, oberhalb der 'Schultern', erhebt sich der 'Kopf', den man kaum beschreiben kann. Ein Aufwärtsschwingen von Violett, Grün sowie jenem Rehbraun strömt von den 'Schultern' aus in einem breiten, sich erweiternden Band und erreicht mindestens eine Höhe von weiteren sechzig Metern. Darüber liegen der Reihe nach funkenähnliche, sprühende Energiezentren, weitgehend in den gleichen Farben. Das 'Gesicht' des großen Deva-Königs ist klar zu erkennen, mit seinem fast spitzen 'Kinn' und einem wunderbaren, in violett, hellbraun und anderen Farben erstrahlenden Lichtschein. Ein unbeschreiblich herrliches Wesen. Die Funken selbst vermitteln den Eindruck einer edelsteinbesetzten Krone, hoch über dem 'Kopf', und bewirken eine Majestät, die jenseits aller Worte liegt.

Ein strahlendes, auf den Beobachter gerichtetes Zentrum eröffnet sich aus der Tiefe des oberen 'Kopfes', während der Deva-König hoch über uns schwebt. In Höhe seiner 'Schultern' und oberhalb seines 'Kopfes' fliegen zahllose Sylphen innerhalb seiner Aura, die vom Mt. Manaia bis zum anderen Ende der Bergkette reicht und vermittelt den Eindruck, daß ungeheure stimulierende Kräfte und Gewalten durch den Deva hinunter in die Vegetation und die darunterliegende Erde strömen. Er fördert auf diese Weise die Evolution des Lebens in jenem Gebiet. Zusätzlich steigt von einem unterhalb des 'Herzens' liegenden Punkt eine weitere konzentrierte, stimulierende Kraft von einer höheren Ebene — Atma, vermute ich — herab und verschmilzt mit den nach unten fließenden Energieströmen der Aura, wodurch sie deren Wirksamkeit als Anreiz zu evolutionärem Wachstum beachtlicht vermehrt.

Die beiden 'Augen' ihrerseits sind Ausstrahlungszentren, welche in mir eine Bewußtseinserhebung hervorrufen, als der große Deva-König unsere Arbeit segnet. Das gesamte Gebiet ist von weniger hoch entwickelten Sylphen und Devas belebt, alle in äußerster Aktivität.

VII

EIN GOTT DES BERGES UND DIE PLANETEN-DEVAS

Farbtafel 6 und 7

Bei einem späteren Besuch des Mt. Manaia beobachtete ich mindestens einhundertsechzig Meter über dem Felsengipfel den dichteren Teil der 'Form' eines Deva von herrlicher Erscheinung. Die zentrale Andeutung einer 'Gestalt' ist mindestens sieben Meter hoch. Über dem 'Kopf' erstrahlt ein blaues und violettes Licht, von den 'Schultern' und der 'Krone' herrührend, während von den äußeren Begrenzungen rosenfarbige Ströme, etwa um die Hälfte so hoch wie der Deva selbst, aufwärtsstreben. Von den 'Schultern' hinab zu den 'Armen', leicht in den Berg und die umgebende Luft geneigt, sieht man Kraftwellen, grün und violett, sowie in Körpernähe blaufarbig. Sie sind durchwebt von Strahlen weißen atmischen Feuers, welches den gleichen Weg nimmt. Diese sich nach außen und abwärts neigende Energie dehnt sich etwa hundert Meter jenseits der Wassergrenze des Whangarei Hafens aus. Die tieferen und mehr nach außen gerichteten Bereiche jener Strömungen enthalten viel lichtes Blattgrün. Alle diese Energien strahlen aus sich heraus, als wären sie in ihrem Innern angezündet.

Das 'Herz'zentrum ist violett und weiß, getüpfelt mit blassem Grün. Jede Farbe ist kreisförmig angeordnet und entströmt dem Deva. Dieser Energiefluß erreicht uns auch auf der niederen und höheren Mentalebene formgebender und formloser Gedanken. Der 'Form'-Aspekt des Deva-Königs und seine Funktionen scheinen höchst aktiv auf der niederen mentalen Ebene zu sein, insoweit es die Erdoberfläche betrifft. Die astral-ätherischen Ebenen sind stark betroffen, als ob winzige, atomgleiche Zentren weißen Feuers unablässig durch die gesamte Aura ausströmten und besonders auf diesen speziellen Ebenen bemerkbar wären.

Die Lebenskraft innerhalb der Materie antwortet in merkwürdiger Weise. Es macht den Eindruck, als ob kleine, nach oben gerichtete Zylinder die herabfließende Energie aufnähmen und auf sie reagierten. Dies belebt das ätherische Gegenstück der gesamten Gegend außerordentlich, weit mehr als es normalerweise der Fall ist, so daß eine Art projezierten Antriebs in den Atomen und Molekülen spielt, in welchen das Lebensprinzip verkörpert ist. Der Evolutionsvorgang wird dadurch gefördert.

Der zur Rechten liegende Gipfel des Mt. Manaia gleicht einem Leuchtturm, von welchem dieses Phänomen höchst intensiv ausgeht. Hoch über diesem Aspekt des Deva-Königs, in den äußersten Bereichen der Aura, rufen konzentrierte, aufwärtsstrebende Kraftströme eine kronenartige Wirkung hervor. Sie entströmen der Spitze des 'Kopfes'. Unzählige edelsteingleiche, lebendige und sprühende Lichtzentren erstrahlen in ihr, purpur, mauve, violett, rubin und gold, während im oberen Teil der kleinen Krone ein Aufströmen rein weißer Kräfte sichtbar ist. Außerdem sind die äußeren Begrenzungen der Haupt-Aura von einer glänzend erstrahlenden weißen Hülle bzw. Gewandung, die aus strömender Energie besteht, umgeben. Sie scheint höchst lebendig und vibrierend. Kraft fließt von außen und innen hindurch und verleiht dem gesamten Erscheinungsbild des wunderbaren Deva-Königs eine außergewöhnliche Schönheit und Anmut.

Die 'Augen' sind verhältnismäßig groß, vielleicht fünfzehn Zentimeter im Durchmesser. Sie sind dem innersten Selbst des Deva offensichtlich Träger oder Werkzeuge zur Beobachtung des Geschehens. Das 'dritte Auge' oder 'Stirn'-Chakra strahlt gleicherweise einen machtvollen Strom weißer und gelber Kraft aus, die einige Meter in die Luft hinausragt oder besser gesagt, in die formlose, höherelementale Ebene. Dies hat eine zweifache Funktion zur Folge, nämlich Wahrnehmung und Widerspiegelung bewußtseinsstimulierender Energie.

Während der Berg auf der grob-materiellen Ebene einen begrenzten Raum einnimmt und die geographische Reichweite der abwärtsgetriebenen, fördernden Kräfte eingeschränkt ist, gibt es auf den höheren Ebenen keine derartige Isolation und Abtrennung. Der Deva ist daher bis zu einem großen Ausmaß räumlich unbegrenzt, besonders insoweit es das Bewußtsein an sich betrifft und, wenn ich das sagen darf, auch was die Zeit anbelangt.

Obgleich intensiv und stark in vorgezeichneter Verantwortlichkeit als "Evolutions-Förderer" dieser Gegend eingesetzt, so arbeitet der Deva-König ebenfalls mit dem "Herren der Devas" des ganzen Planeten zusammen. Außerdem nehme ich an, daß eine riesige koordinierte devische Aktivität auf allen Ebenen ununterbrochen unter der Hierarchie der Devas aufrechterhalten wird, angefangen von gerade erst individualisierten Sylphen bis hinauf zum großen "Herren der Devas" des Planeten selbst. Wenn ich es wagen darf zu sagen, so glaube ich, daß dieser seinerseits Teil der Aktivität der Herrn der Planeten des Solaren Systems ist (vgl. Farbtafel 7).
Das Bewußtsein der großen Devas ist also mit inneren und äußeren Ebenen und Wesen ebenso beschäftigt wie mit dem richtungsweisenden Gedanken, durch welchen alle äußeren Funktionen kontrolliert werden.

VIII

DEVA DES HAFENS

Bream Head Mount, Whangarei

Farbtafel 8

Dieser Deva dient nicht nur dem sich entwickelnden Leben von Erde und Wasser, sondern er ist auch für die Schiffahrt und die Passagiere und deren sicheres Eintreten in den Hafen von Whangarei verantwortlich. Anders als die übrigen Devas, die ich beobachtete, richtet dieses Wesen sein Bewußtsein seewärts und über die Einfahrt zum Hafen hin.
Wie in einem Gespräch, erklärt der Deva mir: "Im Unterschied zu meinen Brüdern trage ich gleichermaßen die Sorge für den sich entfaltenden Lebens-Geist in der Luft über mir und um mich; ganz besonders jedoch über der Hafeneinfahrt bis zum jenseitig gelegenen Festland. Auch helfe ich bei der Evolution des Lebens im Mineral- und Pflanzenreich dieses Hügels und weit darüber hinaus." Ich erkenne nun eine lebensfördernde "Energie-Brücke" des Deva. Im Verlaufe der hellseherischen Nachforschungen bemerke ich die gleichen, nach unten gerichteten, ausladenden Energiestrahlen, ungefähr von Schulterhöhe des Deva, hinab in die darunter gelegene Welt strömend, etwa hundert Meter oberhalb des höchsten Felsen. Sie erfüllen die gleiche Aufgabe.

Die gesamte Form des Deva, bis zu 'Schultern' und 'Nacken', ist ebenfalls von einer Aura waagrecht in die Luft strömender Energie umgeben. Alles in allem hat sie eine Ausdehnung von einigen hundert Metern oder mehr. Ihre Farbe ist Purpur, durchwirkt mit weißem Feuer. Auf halbem Weg aufwärts geht sie in Grün über, in Höhe der 'Kehle' und des 'Herzens' in Gelb. Von den 'Schultern' an aufwärts steigt ein sich erweiternder Kraftstrom hoch über den 'Kopf' des Deva auf, mit einer Farbschattierung aus Rosé, Orange, lichtem Rehbraun sowie jenem Purpur und zeigt sich in einem Bereich von etwa fünf oder zehn Metern rund um den 'Kopf'. Darin eingewoben, jedoch strukturlos, ist sehr viel Graublau, wie ich es noch bei keiner anderen Deva-Aura sah. Diese aufwärtsstrahlende, ausladende aurische Kraft folgt nicht durchwegs einer geraden Linie. Ich bin erstaunt zu sehen, daß die äußeren Schichten sich im Aufwärtsstreben in einen Bogen öffnen, ähnlich wie bei einer Blume, während die von 'Körper' und 'Kopf' nach oben gehende Kraft die breiter werdende, gerade strömende Form als Ganzes beibehält.

Auch die Kundalini-Kraft fließt fast stürmisch, vom weit unterhalb gelegenen Boden, vielleicht dem Erdzentrum, in einem flammenden, rotgoldenen Strom aufwärts, indem sie den Bereich der Wirbelsäule beim Menschen, nur breiter, folgt. Sie nimmt den größten Teil des Rückens der Devaform ein. Die dreifache Struktur der Kundalini ist innerhalb dieses Stromes sichtbar. Diese Strömung springt über den Raum zwischen Erdoberfläche und der unteren Aura bzw. Form des Deva. Darauf erhebt sie sich vertikal und tritt am Ende des Kopfes in einer sich aufwärtsschwingenden Feuerflamme aus. Sie ist ein Teil der Kraft, welche der Deva zu seinem Dienst an der Erde benutzt. Ich nehme an, daß dieser Deva im wesentlichen mit der solaren und planetarischen Kundalini verbunden ist und in einer Art tief geheimen und mystischen Zusammenarbeit verankert ist, was die Rolle der Kundalini-Shakti innerhalb der Natur anbelangt. Diese Gegend, in der ich im Augenblick meine Studien betreibe, dehnt sich etwa zwei oder drei Meilen um Bream Head aus. Hier befindet sich ein Bereich beachtlicher Kundalini-Aktivität, eine Art Kundalini Vulkan, der sich aus dem Erdinnern, wo das "Große Feuer" ruht, erhebt.

Ich nehme einen Gruß von diesem wunderbaren Wesen wahr. Es redet mich an wie ein Bruder den Bruder und sagt: "Ich empfange das gleiche Feuer, welches auch in dir angelegt und aktiv ist. Ich grüße dich, Kundalini Bruder. Devas gehören verschiedenen Ordnungen an. Eine davon ist die der Kundalini-Devas. Ich darf einer von diesen sein. So 'erdachte' mich der große Herr allen Seins."

IX

DEVA-LEBEN DER BERGE

Mt. Ngauruhoe sowie nahegelegene Berge, North Island

Farbtafel 9, 10 und 11

Der regierende Deva-König erscheint ungefähr hundert Meter oberhalb der Bergspitze und zieht meine Aufmerksamkeit auf die 'Leiter' bzw. 'Stufen' des gegenseitigen Austausches zwischen dem Deva-König unterhalb des Kraters, dem sehr aktiven Hephaestus ähnlichen Wesen, dem Berg-Deva selbst und dem noch größeren Deva, der das gesamte Gebiet von Tongariro beaufsichtigt. Dazu gehören Mt. Ruapehu sowie andere Berge, die sich rund dreißig Meilen weit nach allen Seiten vom Chateau Tongariro ausdehnen. Jener große Deva seinerseits ist wiederum mit dem Deva-Herren der ganzen Erde verbunden, einem erhabenen Wesen aus den Reihen der Engel und von riesiger Statur. Der untere Teil der Aura jenes planetarischen Deva-Königs (vgl. Farbtafel 9) erstrahlt in einer Mischung aus Grasgrün und tiefem Himmelblau. Dort, wo die Wirbelsäule wäre, steigt aus der Erdmitte die planetarische Kundalini-Shakti empor, eine wahrhaft mächtige Kraft. Bei näherer Betrachtung erkennt man, wie die dreifache Energie aufwärtssteigt, dem Kundalini-Feuer gleich, mit einem sehr breiten, zylindrisch zulaufenden Flammenstrom, welcher die Energiebahnen umschließt. Es erhebt sich weit über die obere Aura-Ausstrahlung in Bereiche empor, die ich nicht mehr zu erkennen vermag und strebt, so wage ich anzunehmen, dem Logos unseres planetarischen Systems zu. Diese 'Leiter' erstreckt sich nach oben in den Solaren Logos selbst, den ich mir nur sehr undeutlich und in ehrfürchtiger Scheu als eine unermeßliche, die Himmel füllende, leuchtende Strahlkraft goldener Energie und Helligkeit vorzustellen vermag.

Es ist mir lediglich möglich, den großen Deva zu beschreiben, dessen physischer Brennpunkt oder 'Thron' Mt. Ngauruhoe ist (vgl. Farbtafel 10), ein Kraftzentrum mit einem Verantwortungsbereich, der über Neuseeland und somit meine Beobachtungsmöglichkeit hinausgeht. Nach und nach erkenne ich, wie von den 'Schultern' Kraftlinien fließen und ausstrahlen, wobei sich einige vom oberen Teil des 'Körpers' herabneigen. Das Herz-Chakra ist ein höchst wundervolles, sonnengleiches, kreisendes Zentrum ausströmender, strahlend-farbiger Energien in Purpur, Grün, Rosenfarben, Rot und Gold, mit vielen weiteren Nuancierungen, die durch das Verschmelzen dieser Farbtöne miteinander entstehen.

Ich stehe in ehrfürchtiger Demut vor diesem großen Wesen, voller Dankbarkeit, daß ich mir seiner Gegenwart bewußt sein darf, während ich den Vulkan besuche, über dem der Deva-König zu wohnen oder besser gesagt zu thronen scheint.

Das Bergmassiv selbst wird eindeutig einer trägheitsvermindernden, aufnahmebereiteren Bedingung unterworfen, einer Evolutionsbeschleunigung des Lebens und der damit verbundenen Materie. Scharen von Salamandern oder Feuergeistern verschiedener Entwicklungsstufen und -gestalten arbeiten miteinander an dieser planetarischen 'Schmiedekunst'*). Das gesamte Innere des Vulkans, vor allem auf der Ebene der niederen Stollen und der Erdoberfläche, wird auf diese Weise von Salamandern und dem Vulkan-Deva, in dessen Obhut sie stehen, intensiv 'bearbeitet'. Sie nehmen an der großen Aufgabe und dem herausfordernden Auftrag des Planeten und des Planeten-Systems teil, evolutionsfördernde Impulse zu geben. Ich glaube, diese Belebung erfüllt den gesamten Zweck der Existenz des Universums, aller seiner Wesen, seien sie groß oder klein, und aller seiner Lebens-Bausteine.

Ich vermute, Vulkane unterscheiden sich von allen anderen Bergen. Das Element Feuer, aus der Tiefe des Planeten, wird in ihnen von Dienern der Deva-

*) Siehe »Kingdom of the Gods«, p. 211

Linie aktiv genutzt, um diese gänzlich unpersönliche, universell wirkende Triebkraft zur Entfaltung zu bringen. Das Bewußtsein der Angehörigen der Deva-Hierarchie, vom Naturgeist bis zum Erzengel, besteht aus strahlender Fröhlichkeit. Das könnte ein anzustrebendes Yoga-Ideal für die Menschen sein. Zugegeben, es mag recht schwierig, falls nicht sogar unmöglich, besonders für jene sein, welche karmisch bedingte Traurigkeit zu ertragen haben, sei sie nun physisch aufgrund von Krankheit oder psychisch durch Leiden des Herzens und des Geistes.

Diese Feuer-Devas scheinen, indem sie die Struktur ihrer ätherischen und physischen Form verlieren, sogar bis zu einigen Metern tief in den Krater einzutauchen (vgl. Farbtafel 11). Das Lebensprinzip in den Atomen und Molekülen der Krater-Substanz glüht zunehmend bei diesem ununterbrochenen verborgenen Dienst der Devas auf. Der Prozeß findet tief innerhalb des Kraters statt, ja sogar unterhalb vom Fuße des Berges, wo, um das Beispiel vom Schmied anzuwenden, das große planetarische Schmiedefeuer als Fortsetzung jener Aktivität, die tiefer in der Erde wirksam ist, brennt.

Weitere Beobachtungen des großen Deva-Königs von Mt. Ngauruhoe (vgl. Farbtafel 10) ergaben, daß auf der linken Seite, etwa in der Höhe der 'Hüfte', die Farben Grasgrün, nahe der 'Taille' und ein strahlendes Himmelblau im Bereich der gesamten übrigen 'Hüfte', das sich bis zum 'Knie' erstreckt, vorherrschen. Dieses Blau dehnt sich mindestens hundert Meter auf der linken Seite des Deva nach allen Seiten hin aus, ganz besonders aber von den 'Schultern' bis über den 'Kopf' hinauf, von wo aus es sich etwa siebzig Meter weit ausbreitet und mit einer leuchtend weißen Strahlung aus der gesamten Aura verschmilzt.

Die rechte Seite der Aura, unterhalb des Blau, erstrahlt in rosenfarbenem Licht, welches wie ein Rock den unteren Teil der Aura umfließt und etwa hundert Meter nach außen ragt. Jene weiße Strahlung steigt bis unterhalb der 'Füße' tief hinab in den Krater. Die obere rechte Seite der Deva-Aura ist ebenfalls himmelblau in den Bereichen von 'Schultern' und 'Nacken', mit jenem darunterliegenden strahlenden Rosa.

Das 'Kehlkopf'-Chakra leuchtet stark. Seine Farben sind hauptsächlich Weiß und Gold. Kundalini-gleiche, feurige Kraft durchschießt entlang der Wirbelsäule die Krone und reicht weit über den 'Kopf' hinaus in jenseitige Höhen. Im 'Kopf'-Zentrum erstrahlen an der Stelle der 'Augen' weiße und himmelblaue Kraftlinien und vermischen sich mit anderen Farben innerhalb des riesigen, trichterförmigen 'Stirn'-Chakras. Ich lerne nun allmählich, daß in der Tiefe eine unbeschreibliche Bewußtseinsstille herrscht, die weit jenseits aller Begrenzungen von Persönlichkeit und konkretem Denken liegt. Eine goldene aufwärtsstrebende Ausstrahlung krönt den Deva auf dieser Ebene in wunderbarer Weise. Das gleiche Rosenrot durchfunkelt seine wahrhaft göttliche Krone und läßt sie stellenweise aufleuchten.

Obgleich es den Anschein hat, als befinde sich das höhere Bewußtsein in absolutem Schweigen, so wage ich zu behaupten, daß der nach außen gerichtete Geist bis zu Rangitoto (Auckland Hafen) und Bream Head Mountain (Whangarei Habor Heads) reicht, das Kundalini-Feuer sowie die vulkanischen Feuer in sich tragend. Das System der geistigen Verbindung ist aktiv, und die Reichweite der Kommunikation ist imgrunde genommen planetarisch. Tatsächlich treten die Worte in mein Bewußtsein: "Ein Deva-König der verkörperten und personifizierten Kundalini-Shakti des Planeten. Eine Schar, die in Neuseeland wirkt und zu der noch viele andere gehören."

X

DEVAS DES PFLANZENREICHES

Cornwall Park, Auckland

Farbtafel 12 und 13

Dieses große Wesen hat seinen 'Aufenthaltsort' über dem Gipfel des One Tree Mountain inmitten des Cornwall Parkes, Epsom, Auckland. Die hervorstechende Farbe der Aura ist ein leuchtendes Gold, das vom Bereich des 'Kopfes' ausgeht und sich nach oben hin etwa vierzig Meter weit ausdehnt. Dieser Teil der Deva-Aura öffnet sich innerhalb der 'Kopf'-Region nach unten und kann als trichterförmig bezeichnet werden. Dann wird sie breiter und steigt, während sie aufglüht, mindestens fünfzehn Meter zum oberen Teil der inneren Aura empor.

Vom 'Körper' strömt eine licht- bzw. grasgrüne aurische Kraft aus. Die stark leuchtenden Chakren, welche dem 'Kopf', der 'Kehle', dem 'Herzen' sowie dem 'Wirbelsäulenende' entspringen, sind in dieser Farbe sichtbar. Die Chakren drehen sich sehr rasch und scheinen etwa folgende Größe zu haben:

Krone des 'Kopfes' — zwei Meter, goldfarben.

'Stirn' — ein Meter, dunkelgelb mit Spuren von Himmelblau und Weiß.

'Kehle' — fast gänzlich blau, mit einem goldenen 'Herzen'; es dehnt sich etwa sechzig Zentimeter aus.

'Herz' — golden, lichtes Grün, sowie Blau mit durchschießenden weißen Strahlen; fast unmeßbar.

'Wirbelsäulenende' — in direktem Kontakt mit der Erdmitte, aus welcher die Kundalini aufströmt. Feuerrot erglüht die Kraft in ihrem Innern. Sie tritt aus dem 'Kopf' aus und erhebt sich hoch in den Himmel. Sie gleicht einer sehr

mächtigen Flamme, die ununterbrochen von strahlendem Weiß durchblitzt wird.
Diese Erscheinungsformen der Aura erstrahlen alle auf der Ebene der Intelligenz bzw. des höheren und niederen Denkvermögens. Flammen und Ströme eines feurigen Weiß gehen sogar über die äußeren Begrenzungen der weitreichenden Aura hinaus. Diese kann von meinem augenblicklichen Standpunkt aus gesehen nicht abgemessen werden. Doch sie ist mindestens zwanzig Meter von der 'Form' entfernt, ihre Farbe sogar noch weit darüber hinaus leuchtend.

Außerdem bemerke ich etwas, das ich nur als aurische Kräfte eines Deva bezeichnen kann. Sie überragen die Form und können dazu veranlaßt werden, das Lebensprinzip im gesamten Park anzuspannen, zu berühren und anzuregen. Dieses Phänomen läßt sich von unserem Platz aus genau beobachten. Es wird auf allen Seiten des Hügels wirksam, einschließlich des Obelisken auf dem Gipfel.
Scharen von weniger entwickelten Devas und Naturgeistern halten sich im Bereich der Aura auf. Alle sind sie sehr emsig. Die Naturgeister sind in ständiger Bewegung, die anzuwachsen scheint, sobald sich die Kraftzentren des Deva innerhalb ihrer Bereiche konzentrieren.

Dieser große Deva ist das Haupt einer sehr umfangreichen Gruppe von Devas und Naturgeistern aus dem Pflanzenreich, besonders jener, die in Verbindung mit Bäumen stehen (vgl. Farbtafel 13). Jeder einzelne befindet sich im Einflußbereich des betreffenden Deva-Herren. Alle Mitglieder der Deva-Hierarchie, angefangen bei den Naturgeistern, stehen unter der Obhut desselben großen Wesens. Während Naturgeister und Devas der kleinen Bäume kaum etwas von ihrem Dienst wissen, sind sich alle Devas der Astral- und der unteren Mentalebenen, wenn auch eher automatisch, dessen bewußt und fühlen sich verantwortlich.

Interesse und Aktivität des Cornwall Park Deva liegen in erster Linie natürlich innerhalb des Parkes selbst. Über ihn führt er die Aufsicht und hier liegen die

Hauptverantwortlichkeiten eines solchen Amtes. Der Radius seines Einflußbereiches wird jedoch weder durch das Gebiet des One Tree Hill noch durch den Cornwall Park begrenzt. Die gesamte Form und Aura des Deva erstrahlt so wunderbar, daß sie einen ununterbrochen evolutionsfördernden, entwicklungsbeschleunigenden und zu Aufnahme bereiteren Prozeß anregt und zwar um des einen, sich im mineralischen Kern der Erde entwickelnden Lebens willen sowie des Pflanzenreiches, vom einfachsten Gras und Unkraut bis zu den Bäumen, seien sie immergrün oder sich entlaubend. Selbst das im Obelisk eingeschlossene Leben auf dem Gipfel empfängt diesen ständigen Anreiz.
Ich habe den Eindruck von einer Art Reich, für welches der vorsitzende Deva Sorge trägt. Während meiner Beobachtungen nehme ich auch einen gewissen mentalen Gedankenaustausch wahr, als ob der große Deva mich unterrichten wolle, was die gänzlich geheimen Funktionen anbelangt, welche Angehörige dieser Rangordnung ausüben. Sie, wie ich es jetzt erkenne, schließen das "dem Schöpfungsplan entsprechende Wachstums-Prinzip" ein, durch welches das gesamte Pflanzenleben, ja in der Tat alles Leben, geleitet wird.

EINE MITTEILUNG DES GROSSEN CORNWALL DEVA

Die Aufgabe jener sogenannten Landschafts-Devas ist es, die Evolution allen Lebens in der Natur zu fördern, submineralisches, mineralisches sowie pflanzliches, angefangen von den kleinsten Pflanzen bis hin zu den gigantischsten aller Bäume, den Redwoods. In allem regiert und entfaltet sich das Eine Göttliche Leben. Jedes Atom, jedes daraus zusammengesetzte Molekül und jede Zelle, sie alle sind in sich die eine Verkörperung des einen lebendigen, sich entwickelnden Elements in dem Sinne, daß sie aus geschaffener, lebenserfüllter Materie bestehen.

Genau wie in der Menschenlinie Selbst-Bewußtheit in unterschiedlichen Abstufungen erreicht wurde, so unterzieht sich auch jeder Angehörige eines nicht menschlichen Reiches dem dualen Prozeß von natürlicher Entfaltung und angespornter Entwicklung. Im Menschenreich und bei den auf gleicher Entwicklungsstufe stehenden Engeln wird dies durch hochentwickelte Wesen oder Adepten bzw. Mitglieder der Engel-Hierarchie bewirkt. Im Interesse des Lebens, das jedem Atom aller nicht menschlichen Reiche innewohnt, wird ununterbrochen eine beschleunigende Kraft bzw. Macht zum Wirken veranlaßt.

Im sogenannten Luft-Reich, damit sind nicht die Vögel gemeint, sondern Naturgeister, welche dem Luft- und Feuerreich angehören und sich durch diese entwickeln, wird dieser universale Vorgang von zwei Wesensgruppen ausgeführt, unbewußt und instinktiv von jenen, die noch kein eigenes Selbst-Sein besitzen (Elfen z.B.) und bewußt von jenen, die dieses schon erreicht haben.

So betrachtet, ist das Universum einfach eine riesige Schule und entwicklungsbeschleunigende Einrichtung. Der Beweis für Fortschritt in diesem Ablauf besteht nicht nur aus Wissen um deren Existenz, sondern daraus, und das ist viel wesentlicher, daß Möglichkeiten vorgesehen sind, an dem "Großen Werk" teilzunehmen.
Wird diese Ansicht akzeptiert, dann wäre der einzige Maßstab, an dem die Entwicklungsstufe eines Individuums bewertet werden kann, der, bis zu welchem Grad es mit wachsender Wirkungsmöglichkeit, Intelligenz und Kraft an dem Prozeß Anteil hat, jener innersten Funktion aller Natur zu helfen. Dies ist nichts weiter als beständiges Sich-Entfalten oder, um einen einfacheren Ausdruck zu benutzen, Wachstum. Der Impuls zu wachsen ist ein angeborenes Lebensprinzip, das in allem, was existiert, 'lebendig' ist. Dieser Vorgang zieht sich durch die Zeitalter und nimmt dabei an energetischer Aktivität zu.

XI

ENGEL DER HEILUNG

Farbtafel 14

Neben diesen und noch weiteren Aktivitäten, die von höheren mentalen und supramentalen Devastufen ausgeführt werden, gehört zum Dienst des Cornwall Park Deva ebenfalls die Hilfe für jene unglücklichen Patienten des Green Lane Hospitals und deren Besucher. Auch beobachtete ich, daß der Intellekt genügend verantwortungsbewußter Ärzte manchmal geführt wird und zwar dergestalt, daß sie dazu neigen, auf instinktive Ideen zu reagieren, vor allem, wenn es sich um etwas Unerklärbares im Zustand des Patienten handelt. Das widerfährt gelegentlich auch Oberinnen und Krankenschwestern, die, ohne es zu bemerken, intuitive Eingebungen erhalten, welche, ihnen selbst nicht bewußt, besondere Behandlungsmethoden und erhöhte Sorgfalt bewirken.

Eine völlig andere Devastufe ist mit Operationen, Genesung und Wundheilung beschäftigt. Diese Devas haben nur eine geringe Verwandtschaft, wenn überhaupt, mit den Erzengeln der Natur. Ihr Beitrag besteht neben der Wundheilung im Aufbau von Organen, dem Gehirn und den Nerven, im Vereinigen und Gestalten nicht physischer Energien, besonders höherer und niederer mentaler sowie astraler, wobei die ätherischen Auswirkungen eine ganz natürliche Folgeerscheinung sind. Ich bemerke einen erhabenen Heil-Deva, der einem bestimmten Wärter beisteht, in unmittelbarer und sehr persönlicher Form, soweit es das Gesetz des Karma zuläßt; denn dieses Gesetz spielt selbstverständlich eine vorrangige, ja entscheidende Rolle in Heilungsprozessen und deren Auswirkungen.

Ein außergewöhnlich schöner Erzengel, der mit dem Deva des Cornwall Parks zusammenarbeitet, überwacht sämtliche Funktionen der Devas und sogar der Naturgeister im Hospital. Beistand wird überall dort gewährt, wo es zulässig und ratsam ist. Diese Hilfeleistung hat teilweise die Form von Gedankenströmen, zellbildende Energien z.B., und von spirituellen sowie höheren mentalen Kraftlinien, die in den Körpern der leidenden Menschen aufwallen oder auf sie hinabsteigen, manchmal in ziemlich schmalen Banden äußerst konzentrierter Energie.

Jeder einzelne Patient, jeder Leidende, erfährt derartige Hilfe, wobei die Formen höchst zahlreich sind. Jene, die in Unfälle oder sonstige plötzliche Ereignisse verwickelt sind, werden unverzüglich aufgesucht, und jeder nur mögliche sowie karmisch vertretbare Beistand von seiten des Deva oder Naturgeistes geleistet. Eine enge Verständigung und Zusammenarbeit besteht unaufhörlich zwischen den beiden führenden Devas, dem Cornwall Park Deva und dem Green Lane Hospital Deva. Über beiden, jedoch verbunden mit ihnen, steht ein noch erhabeneres Wesen. Es scheint entweder ein Repräsentant des Deva von North Island oder gesamt Neuseeland zu sein, ich glaube des ersteren.

Außerdem, so geheimnisvoll es auch klingen mag, nimmt ein Erzengel, der mit dem Tasmanischen Meer und bestimmten anderen, sehr erhabenen supramentalen Devas in Verbindung steht, an der Evolution und den Erfahrungen der Menschenlinie in Neuseeland teil, was zweifellos ebenso für die Meere der Ostküste gilt, denn auf diesen Ebenen sind Teilgebiete von Reichen und Ländern wenig bedeutsam, da alles Leben als das UNTRENNBARE EINE erkannt wird.

XII

DER GOLDENE DEVA

Mt. Tongariro, North Island

Farbtafel 15

Ich erkenne die nahe Gegenwart eines außergewöhnlichen goldenen Deva, der über meinem Begleiter und mir schwebt. Auf den formlosen Ebenen gießt er eine Energie in uns hinein, die flüssigem Sonnenlicht ähnelt. Auch konzentriert er einen besonderen Strahl auf das Zentrum solarer Kraft in der Mitte unserer physischen Köpfe und läßt es entflammen. Die Gestalt des Deva erscheint wie geschmolzenes Gold. Strahlen von Lebenskraft und Licht entströmen beiden Seiten und dem Rücken. Seine gesamte Aura besteht aus spitzen Balken oder Zungen ausfließender, allerfeinster Struktur des golden erstrahlenden einen Lebens. Diese Strahlen leuchten über dem 'Kopf' und geradewegs hinab zu den 'Füßen'. Sie sind im Bereich des 'Herzens' und des 'Solar Plexus' sehr dicht beieinander. Dort vertieft sich die Farbe zu einem mehr orange getönten Gold. Das 'Haar', die vom 'Kopf' ausgehenden Strahlen der Lebenskraft, besteht aus kleineren Zungen goldenen Lichtes. Die 'Augen' unterhalb der breiten und edlen 'Stirn' erscheinen als Seen solaren Lichtes und Lebens. Hinter ihnen liegt ein Willenszentrum von außergewöhnlicher Intensität und Macht.

Der Deva scheint die vier Träger der Persönlichkeit, die unter seiner Bewußtseinsebene liegen, nicht wahrzunehmen und ihnen teilnahmslos gegenüberzustehen. Seine gesamte Aufmerksamkeit richtet sich auf den Buddhischen Träger und die Buddhische Ebene, auf der er sich als Erzengel befindet. Dieses große Wesen zeigt, daß auf dieser Ebene der einzige Sinn in der Existenz von Engelhierarchie und Menschheit darin liegt, reichere, freiere und weniger persönlich begrenzte Ausdrucksformen des einen Lebens zu erlangen. Der Deva gibt zu verstehen, wie viel mehr als nur eine Vermittlerrolle dies bedeutet. Das Bilden und Öffnen von Trichtern und Chakren wird ergänzt durch intensivere Vereinigung des individuellen Egos mit dem einen Leben, so daß jedes Individuum zu einer vollständigen Manifestation dieses Lebens werden kann. Dies zu erreichen, hängt vom Zustand der Buddhischen Hülle ab. Sie ist schmetterlingspuppengleich verborgen in der Masse der Menschheit, in einen wenigen befreit und beflügelt in den Eingeweihten des Erdballes. Diese Stufe erlaubt die Entfaltung und Ausdehnung des Buddhischen Trägers und Bewußtseins. Es ist die Arbeit und der Plan eines Eingeweihten der "Großen Weißen Bruderschaft" der Adepten.

Das menschliche Bewußtsein und soweit wie möglich die Persönlichkeit müssen in zunehmendem Maße das eine Leben des Solaren Logos selbst wahrnehmen und aufgrund von Erfahrung wissen, daß der Buddhische Träger sowie das Buddhische Selbst Manifestationen dieses Lebens und mit ihm identisch sind. Das eine Leben erweist sich als uferloses, golden glühendes Meer, völlig unpersönlich und universal. Es ist der Buddhische Träger des Solaren Logos bzw. des Herren unseres Solaren Systems und erscheint nur deshalb grenzenlos, weil der Mensch seine Grenzen nicht wahrnehmen kann, sofern solche existieren. Offenbar müssen die buddhischen Hüllen aller Erleuchteten oder hochentwikkelten spirituellen Wesen Teil der Hüllen eines größeren Herren sein und darin aufgehen, bis sie sich vereinen mit dem Kosmischen Logos, dem einen "Herrn des All". Der einzige Sinn sogenannter buddhischer Pflichterfüllung eines Eingeweihten liegt darin, eine Vermehrung der universalen Buddhischen Gegenwart und des Lebens im Buddhischen Körper, eine darin wachsende und sich vertiefende Verwirklichung des buddhischen Aspektes des Solaren Logos sowie eine Vereinigung mit ihm zu bewirken. Die Gesamtheit der "Großen Weißen Bruderschaft" besitzt ihre buddhische Ausdrucksform und Gestalt, welche in den Buddhischen Hüllen des "Herrn der Welt" aufgeht, dem "Schweigenden Wächter" und ihren Schülern, bis in Wahrheit "alle Eines und Eines alle sind".

Auf dieser Ebene ist das Empfinden für Trennung aufgehoben und die Aura zeigt sich ohne Begrenzung. Alle Wesen scheinen in dem 'strahlenden Meer'*) aufzugehen, ähnlich den Regentropfen, die in einen See fallen oder aber Blasen, die aus einer Flüssigkeit emportauchen und in der Luft verschwinden. Trotz allem bleibt seltsamerweise ein Ich-Bewußtsein, das nicht so aussieht als habe es einen eigenen getrennten Träger. Es ist ziemlich frei, jeden Bereich des "strahlenden Meeres" zu benutzen, ohne im geringsten ein Empfinden für Besitz zu haben oder dafür, in einer aurischen Hülle zu leben. Der Dienst des Deva bewirkt, daß der Aura ein goldener Glanz hinzugefügt wird und läßt Strahlen um den und über dem 'Kopf' erscheinen, wie bei einem griechischen Helios.

Ausdrücke und Vorstellungen wie Universum, Logos und das eine Selbst verlieren fast ihre Bedeutung auf jener Stufe, wo Einteilungen nicht erkennbar sind. Die Betonung liegt auf Einssein, Einzigartigkeit, Ganzheit und der Gesamtheit, mit der Wahrnehmung so absorbiert wird, daß jede Art von Getrenntheit dem Unwirklichen und Unwesentlichen zuzuordnen ist.

Die Wirkung auf das Wachbewußtsein, diese Vergegenwärtigung des Eins-Seins, ist vollständige Harmonie und Ganzheit. Es ist, als sei es von innen nach außen ausgeglichen worden. Intellektuelle und karmisch bedingte Probleme sowie Lebensführung und Begrenztheit der Entfaltung existieren auch weiterhin für eine solche Person, jedoch ohne Anspannung. Außerdem ist das Empfinden für Zeitdruck auf ein Minimum reduziert. Dies gilt auch bis zu einem gewissen Ausmaß für räumliche Einschränkungen, wie z.B. eine Reise zu Land und zur See Tage in Anspruch nimmt, während sie mit dem Flugzeug in wenigen Stunden und dabei erstaunlich bequem erfolgt. Der physische Körper scheint seine Schwere verloren zu haben, so als schwebe er heiter in der Luft.

Der Planet Erde selbst ist aufgeladen mit Strömen goldener flüssiger Lebenskraft, die rasch über und unter der Oberfläche dahineilen, indem sie diese sozu-

*) Siehe: Sir Edwin Arnold, »Die Leuchte Asiens«

sagen durchlüften oder besser gesagt mit Buddhischem Leben tränken. Die Kraftlinien, das Wort ist ungeeignet, da es auf diesen Ebenen keine Anstrengung gibt, bilden ein stark verzweigtes Netzwerk, welches den Eindruck von äußerst aktivem, bewußtem Leben vermittelt, das eifrig aber rhythmisch und kontinuierlich arbeitet, vergleichbar mit einer Ameisenkolonie in ihrem Hügel. Die Luft ist ähnlich angefüllt, und dies gilt für sämtliche Strukturen und alles Wachstum. Es gibt z.B. die Andeutung eines individuellen Netzes in den Körpern von Pflanzen, Bäumen, Tieren und Menschen, so als habe jeder sein eigenes Lebensgewebe. Das Leben an sich ist in allen das gleiche, doch es paßt sich in gewisser Weise an die körperliche Gestalt an. Die Form eines jeden Menschen wird von diesem Leben durchrieselt, das intensiv, geschäftig und bewußt innerhalb des Körpers tätig ist, so wie Bienen in einem Korb. Es versorgt ununterbrochen jede Zelle und jedes Organ mit winzigen Anreizen, mit lebenswichtiger 'Nahrung', sowie mit der zu diesem Element gehörenden zielgerichteten Schöpferkraft. Von diesem nicht physischen Gesichtspunkt aus, wird jenes Element unsichtbar und nur das Netz der Formen, mit seinen unzähligen Fäden und Schlaufen von unendlich feinem Geflecht, bleibt bestehen. Beim Eintreffen der Lebenskraft, die fortlaufend in den Körper hinein freigesetzt wird, scheinen kleine Explosionen innerhalb des Gewebes sowie in den offenen Räumen zwischen den Fäden aufzutreten. Krankheit ist zweifellos eine lokale Unterbrechung dieser koordinierten Struktur und Aktivität. Heilung kann durch deren Wiederherstellung erfolgen.

XIII

EIN ERZENGEL DES MEERES

Eastern Beach, in der Nähe von Auckland

Farbtafel 16 und 17

Während dieser Studien wurde mir erlaubt, zwei Aspekte wahrzunehmen. Ich erkannte die Existenz einer großen, ich möchte sagen in gewisser Weise weiblichen Deva-Königin, die sich um ganz North Island (Neuseeland) kümmerte, vor allem in ihrer Eigenschaft als Wasser-Deva (vgl. Farbtafel 16). Außerdem nahm ich die Deva-Königin des Wasserelementes wahr, welche für dieses Gebiet des Pazifischen Ozeans sowie für alle Ebenen, die mit Neuseeland in Zusammenhang stehen, insbesondere North Island und seine Seen, zuständig ist.

Mein Bewußtsein verband sich zu einem späteren Zeitpunkt mit Lake Taupo, wo eine andere, weiblich wirkende Deva-Königin teils oberhalb, teils unterhalb der Wasseroberfläche schwebte. Ich sah, daß es eine sehr erhabene 'feminine' Deva-Königin für North Island gibt und eine Manifestation jenes Prinzips, welches dieses Wesen repräsentiert und zum Ausdruck bringt.

Obgleich sich auf dieser lichten Ebene ein bestimmtes formengleiches Wesen sehr liebreich enthüllte, so war doch das gesamte Phänomen weitgehendst, wenn nicht sogar völlig, in Wirklichkeit eine Manifestation auf der Ebene des höheren Mentalen. Ich erkannte, daß dieses Phänomen auf zwei fast ganz voneinander getrennten Stufen betrachtet werden mußte: zum einen von der rein formlosen Ebene oder dem Prinzip der Wasser-Deva-Königin eines Landes oder weiten Distriktes; zum anderen als anscheinend weniger entwickelte Manifestation dieses Prinzips an besonderen Orten und in speziellen Gestalten. Ihre Auren und Chakren wurden bereits beschrieben.

Bei meinen Studien fand ich heraus, daß das Element Wasser weniger dazu neigt in seiner allgemeinen Erscheinungsform zu differenzieren als dies bei den Elementen Erde und Feuer, besonders der Erde, der Fall ist. Luft ihrerseits erscheint den fünf menschlichen Sinnen am formlosesten. Schließt man allerdings das Element Äther mit ein, dann wäre auch dieses als formlos zu bezeichnen. Andererseits sieht es so aus, als ob Naturgeister der Erde, die Gnomen z.B., bei genauerer Betrachtungsweise menschenähnliche Körper besäßen. Naturgeister des Wassers dagegen, so kann man sagen, manifestieren sich nahezu ohne Form, es sei denn in strom- und wellenförmigen Konturen.

Die große Erzengel-Königin ist ein Wesen außerordentlicher Kraft, deren untere Energieströme Muschelschalen ähneln (vgl. Farbtafel 17). Der Bereich des 'Herz'-Chakra beeindruckt mich sehr. Von vorn, so wie ich es im Moment betrachte, dreht es sich entgegen dem Uhrzeigersinn. Das 'Herz' indes ist ein Zentrum von hinausschwingenden Kraftlinien aus tieferen Ebenen. Diese vereinigen sich mit den kreisförmigen Bewegungen des sich drehenden Chakras, was zu einer Anzahl wunderbarer und herrlicher Erscheinungsformen führt. Das Chakra leuchtet vorherrschend tief rosenfarben. Nuancen dieser Tönung sind auch an den Rändern sichtbar. Wie hineingewoben erscheinen unvergleichlich schöne Strahlen in Seegrün und Goldgelb. Sie gehen direkt aus der Mitte des Chakras hervor, dessen Tiefe in lieblichem Himmelblau leuchtet, und schießen vorwärts. Das 'Kehlkopf'-Chakra ist auch sichtbar und sein Blau ähnelt dem des Lotos-Chakras beim Menschen.*) Seine Strahlkraft geht weit über die 'Schultern' hinaus. Zusammen mit den Strömungen der 'Wirbelsäule' und des 'Kopfes' breiten sie sich im Aufwärtsschwingen weit in der Luft aus.

Ein wunderschönes, menschengleiches 'Gesicht' mit herrlichen 'Augen' liegt im üblichen Bereich. Oberhalb der hohen 'Stirn' strömt aus der gesamten Aura in ineinander verschlungenen senkrechten Linien eine prachtvolle strahlende Kuppe oder 'Krone' aus, die weit über den 'Kopf' hinausreicht.

*) vgl., C. W. Leadbeater, »Die Chakras«

Das Bewußtseinszentrum und die Ausstrahlung dieses Wesens, soweit es seine 'Persönlichkeit' betrifft, kann als atmisch, buddhisch und höher mental betrachtet werden, obgleich die Deva-Königin ihre Aufmerksamkeit ebenfalls auf die Ebene der Form zu richten vermag. Ich erkenne, daß alles Leben des Meeres und anderer Gewässer unter der Evolutionsführung und fördernden Obhut und Einflußnahme einer erhabenen Ordnung von großen Wasser-Deva-Königinnen steht.

Die nicht physischen Stufen des Elementes Wasser (Salz- und Süßwasser) in der Nähe einer solchen Wesenheit erhalten unablässig ungebrochene Kraftströme, die vielleicht besonders elektrisch aufgeladen sind. Auch sämtliche Pflanzen, Algen und andere ähnliche Strukturen empfangen die gleiche evolutionsfördernde Energie. Die großen Devas des Wassers sind sowohl Urheber als auch Überträger mächtiger Kräfte. Diese wirken nicht nur auf das dem Wasser innewohnende Leben, sondern auch auf die sich über Zeitalter erstreckende Evolutionsentwicklung aller Materie und Form, die mit dem Wasser in Zusammenhang steht. Dies gilt für alles in der Natur, das lebt, wächst und sich entfaltet.

Als ich versuche, mein Bewußtsein mit diesen Vorgängen verschmelzen zu lassen, bemerke ich die Gegenwart von Devas aus der Schar der Undinen, bis hin zu den Naturgeistern auf der Ätherebene, die gleicherweise am Werk sind. Durch all diese Stufen von Wesenheiten fließen die evolutionsbildenden spirituellen, mentalen und submentalen Kräfte, die aus der einen Göttlichen Quelle herrühren oder, um einen philosophischen Ausdruck zu verwenden, aus dem All-Einen.

Dazu gehört, wenn auch unvollkommen und ungenau beschrieben, die Funktion der wunderbaren Deva-Königin, die ich beobachten durfte. Ihre Tätigkeit verweist auf die Hierarchie der Deva-Intelligenzen eines solaren Systems, eines Planeten sowie auf die Ordnung von Lebewesen und Kreaturen sowie wachsenden Pflanzen und Mineralen insgesamt.

Wie schwierig würde es sich für einen Künstler gestalten, eine genaue Darstellung anzufertigen, auf welcher der Meeresspiegel auf der unteren Hälfte und die Undine darüber gemalt wäre, während ihre untere Aura sozusagen mitten im Wasser läge und nicht aus gerade ausströmenden farbigen Auraenergien bestünde, sondern aus in gewisser Weise wellenförmigen Strahlen. Die zentrale Form bewahrt unterdessen Würde und Größe.

Der gesamte Unterwasserbereich leuchtet, hellseherisch betrachtet, in einem zarten Blau und Grün. Der untere Teil des großen Deva tritt aufgrund der langen, wellenförmigen Linien klar hervor. Die oberen aufströmenden Kraftlinien verjüngen sich nach oben und wirken äußerst anmutig; die unteren dagegen zeigen ein gewelltes Abwärtsfließen, das bis zum Innern der unteren Aura reicht, wobei sie jedoch nicht mit Gelenken zu vergleichen wären. Diese nach unten strömenden Kräfte scheinen im Gegensatz zum oberen Teil der Aura farbintensiver zu sein. Sie leuchten in einem dunklen, fast indigo Blau und einem tiefen Blattgrün.
Diese wahrhaft große Deva-Königin wird von weißer und goldener aufwärtsstrebender Energie, die einen Anflug von feurigem Rot zeigt, gekrönt. Ähnliche Strahlen kennzeichnen den Bereich der 'Augen'. Das 'Kopf'-Chakra ist strahlender als die 'Krone' selbst. Wie bei allen Deva-Wesen ist die übliche, nahezu schwingengleich aufwärts und nach außen gehende Linienführung der aurischen Ströme klar sichtbar. Jenseits der Aura setzen sich Strahlen zarterer Farbtönung weit in die Atmosphäre hinein fort.

TEIL 2

DIE VERBORGENE WIRKUNG DER MUSIK

DER ZWECK HELLSEHERISCHER FORSCHUNG

Mr. Hodson untersuchte die Wirkungsweise von Musik nach folgenden Richtlinien:

1. *Wirkung auf die umliegende astro-mentale Materie*
2. *Wirkung auf die Ausführenden*
3. *Antwort des Devareiches*
4. *Wirkung auf die Zuhörer*

Um dieses zu erreichen, bat er Mr. Murray Stentiford um Untersuchungsmethoden für jedes einzelne Musikstück.

Die Stücke waren kurz und wurden in der Hauptsache von den Musikern ausgewählt. Die Kürze erlaubte es, daß jedes Beispiel auf Mr. Hodsons Verlangen hin teilweise oder vollständig wiederholt werden konnte.

Auch legte man Mr. Hodson Auszüge zweier Schallplattenaufnahmen vor, um ihre Wirkungsweise mit der Live-Aufführung zu vergleichen.

Hugh Dixon

I

DIE MACHT DER MUSIK

Schöne Musik ist in der Lage, die Menschheit zu retten, häßliche, minderwertige Musik dagegen zerstört sie; so groß ist die Macht des Klanges. Musik beeinflußt sehr stark die Aura all dessen, was in ihrem Umkreis liegt, indem sie diese durchdringt. Dabei ruft sie entsprechende Reaktionen hervor. In manchen Fällen rüttelt sie sogar Gefühl und Geist des Auditoriums auf. Gesang und jede Art von Musik wirken so auf die Zuhörer. Sehr starke Kraftströme, die sich vermittels der Töne manifestieren, treten in die Aura ein und 'erschaffen' entsprechenden mentalen, emotionalen und physischen Widerhall. Dies kommt zu solchen allgemeinen Faktoren wie der Bedeutung des Liedes, der Musikart und deren Wirkung auf Menschen und Natur hinzu.

Die allgemeine Ausstrahlung von Kompositionen sind für den Zuhörenden nützlich, neutral oder aber schädlich. Gesang und Instrumentalmusik wirken auf ihre Aura ein und rufen Sehnsucht, Liebe zur Natur oder verderbliche Wünsche hervor, indem sie die jeweiligen Chakren und Organe des Körpers anregen. Harmonische, fröhliche Musik berührt den oberen Teil der Aura, Herz, Hals, Kopf, und erreicht, wenn dieser empfänglich dafür ist, das Ego, d.h. das unsterbliche Selbst. Glücksempfinden und geistige Erbauung sind die Auswirkung. Zerstörerische und wilde Musik wirkt sich sehr schädlich aus, besonders auf die untere Hälfte der Aura und des Körpers.

Meine Studien ergaben, daß Musik eine starke Macht in den Händen der Musiker ist, die, je nach Musikart, Gedanken, Einflußnahme und Charakter des Ausführenden und natürlich des Zuhörers erheben, erleuchten und auch verderben kann.

Dies ist sicherlich ein ganz natürlicher Vorgang, seit das gesamte Universum durch die Emission kosmischer und universell schöpferischer Klänge ins Dasein gerufen wurde. Jener gewaltige Chor der Gandharvas, der Musik-Devas, nimmt die Themen auf und konturiert und erfüllt damit Bereiche, die zu einem Universum geformt werden sollen. Es ist anzunehmen, daß jeder wahre Musiker während seines Spieles mit den Gandharvas oder "Erzengeln der schöpferischen Klänge" in Verbindung gebracht wird und auf diese Weise zu einem Kanal für ihre erhebenden Einflüsse werden kann. Musiker sollen dadurch wirkungsvolle Bevollmächtigte für kreative Energie sein, die vor allem, wenn sie mehr spiritueller Natur ist, in die Welt und in das Leben der Menschen ausgegossen wird. Man darf jedoch nicht vergessen, daß Erzengel und Engel des Klanges, die bei der Schöpfung von Universen mitwirken, diese Aufgabe nur in der reinsten, höchsten und erhebendsten Form der Musik ausführen.

Auch andere Devas stehen offenbar mit Musik in Zusammenhang, besonders jene, denen die Mathematik der Schöpfung obliegt, denn Platon sagt: "Gott geometrisiert." Es gibt Engelordnungen, deren Bewußtsein weitgehend auf den Mentalebenen zentriert ist. Sie sind mit den komplizierten geometrischen Prozessen beschäftigt, die eine Manifestation der göttlichen, als Klang ausgedrückten Idee auf der physischen Ebene darstellen. Auch Komponisten und Musiker stehen mit ihnen in Kontakt, und es kann sein, daß große Persönlichkeiten nicht nur von ihrem eigenen unsterblichen Selbst inspiriert werden, sondern diese Engelscharen ihnen zur Seite stehen.

Nimmt der Geist eine solche Verbindung auf, dann erwacht das Wissen mehr im I n n e r n , als daß es von außen eindringt. Der Vorgang ist nicht als Hellhören zu bezeichnen, da ein verborgener Klang nie zu hören ist. Der Empfangende erfährt ein telepathisches Unterrichten von außerhalb, wodurch die wahre spirituell-mystische Kommunikation im Geist des Empfängers erwacht. Vergleichbar einem Lehrer, der zu seinem Schüler sagt: "Siehst du den Leuchtturm dort?" und der Schüler antwortet: "Ja, ich sehe beides, den Leuchtturm selbst und das Licht, welches er ausstrahlt."

Meine eigene begrenzte hellseherische Fähigkeit hat mir bestätigt, daß physische Töne kreativ sind. Sie bringen Bewegung, Farbe und Formen in astraler und mentaler Materie hervor. Das Hauptanliegen der Nachforschungen auf diesem Gebiet war es, die unterschiedlichen Wirkungen zu entdecken, welche die Musik auf die angrenzende Materie jenseitiger Welten, die Musiker und Zuhörer ausübt, sowie die Antwort der Devas herauszufinden.

Eine Erörterung des Vorgangs und einiger Schwierigkeiten bei hellseherischen Untersuchungen von Musikformen sind in dem Kapitel "A Clairvoyant Study of Music" in meinem Buch »Music Forms«*) zu finden. Dieses Buch behandelt nur die übernatürlichen Formen.

Meine hellseherischen Forschungsergebnisse wurden während jeder, oftmals wiederholten Aufführung des Stückes sorgfältig beschrieben und aufgenommen. Frank Eden fertigte anschließend ausgezeichnete Ölbilder dieser Beschreibungen an, und ich hoffe, sie bereiten nicht nur Freude, sondern wecken gleichzeitig das Interesse an dem, was sie darstellen.

*) »Music Forms«, Adyar 1979

II

»AVE MARIA«
Schubert

Der Text zu dieser wunderschönen demütigen Bitte an die Jungfrau Maria wurde von Sir Walter Scott geschrieben. Es ist das sechste Lied aus seinem Liederzyklus "Lady of the Lake". Wendy Dixon sang das Lied in deutscher Sprache und zwar zweimal in einem Abstand von drei Wochen, dann spielte sie es zusätzlich auf dem Cello.

Die Musik läßt ein fortlaufendes Klangband entstehen. Abgesehen von weitreichenden Auswirkungen bringen alle gesungenen oder gespielten Noten in der nicht physischen Materie eine typische Form hervor. Diese Form ist farbig, jeweils vom Klang des Tones abhängig; ihre Größe legt die Länge der Zeit fest, in der eine Note gespielt bzw. gesungen wird. Im Laufe des Spielens oder Singens einer Melodie oder Arie werden die aufeinanderfolgenden Noten miteinander verbunden, und die gesamte Sequenz ist ein einziges Gefüge. Die Variationen in der Kontur sind bei gesungenen Noten besser zu beobachten als bei instrumental gespielten, daher mein Ausdruck "Klang-Band" (vgl. dazu Farbtafeln 20, 23, 26).

Die Aura der Sängerin dehnt sich weit aus und überragt manchmal die Hauswände. Ihre Persönlichkeit öffnet sich, so daß ihre Aura sich auf einen Austausch mit dem Ego bzw. Atma-Buddhi-Manas, jenem dreifachen, unsterblichen, sich entfaltenden spirituellen Selbst einstellt. Während dieses Geschehens verstärkt sich der Farbglanz ihrer Aura, und von den Augen bis zum Herz leuchtet ein herrliches Blau. Grün und Gold erscheinen in zwei geweihähnlichen Strömen oberhalb des Kopfes. Die Hauptwirkungen sind noch nach fünf Minuten sichtbar.

Bei der ersten Zeile steigt ein Energiestrom von ihren Schultern in die Luft empor. Gleichzeitig wird eine zunehmende Aktivität des Herz- und Kehlkopfchakras sichtbar, sowie ein verstärktes Blau.
Bei der zweiten Zeile, als das Auf und Ab der Noten hellseherisch sicht- und hörbar wird, fließen Grün, Gold und Blau wellenförmig aus der gesamten Aura. Jene Ströme, die einem Geweih ähneln, werden stärker.

Die dritte Zeile nimmt Einfluß auf das untere Drittel der Aura, das weitaus langsamer und weniger intensiv als die beiden oberen Drittel reagiert. Naturgeister umgeben die Sängerin in Bodennähe. Sie dringen in den unteren Aurenbereich ein und heben ihn dadurch an.

Das Kopfchakra öffnet sich etwas während der zweiten Hälfte der ersten Strophe. Energien fließen die Wirbelsäule entlang aufwärts, in der Sushumna, einem Kanal für die Kundalini. Dies ist für die Sängerin ungefährlich und trägt zur Wirkungskraft ihres Gesanges bei.

Die ätherische Emanation sowie Astral- und Mentalkörper werden durch den Gesang vereinigt und haben gegen Ende der dritten Strophe ihren Umfang von zwei Metern um mindestens die Hälfte erweitert. Purpur und dunkles Grün verstärken sich im unteren Drittel der Aura.

Wird das Lied von Anfang an wiederholt, so schießt bei jedem hohen Ton ein gelber, an den Enden sanft grüner Strahl aus dem Bereich der Lunge und der Stimmbänder durch die Schultern aufwärts. Dieser Farbwechsel in der Aura bleibt bis zum Ende vorhanden.

Eine bemerkenswerte Ausdehnung der Gesundheitsaura, die Teil des ätherischen Gegenstücks des Körpers ist, wird sichtbar. Sie vergrößert sich von normalerweise drei Zentimeter auf bis zu fünfzehn Zentimeter. Sie glüht in einem besonderen Licht*). Dies überdauert das Ende der ersten Strophe. Ich nehme an, daß positive gesundheitliche Auswirkungen erfolgten, obgleich sich die Sängerin von Hause aus einer guten Gesundheit erfreut.

Die letzte Strophe, die mit Gefühl und Verstehen für die Bedeutung des Liedtextes gesungen wird, ruft ein zweifaches, radiales Aufströmen von etwa fünf Zentimetern in der Aura der Sängerin hervor.

Die dritte Wiederholung der zweiten Strophe kann in ihrer Wirkungsweise mit dem Anwachsen der Größe und Unterschiedlichkeit innerhalb der mental-astralen Aura, etwa vom Solarplexus an aufwärts, verglichen werden. Auch hier ist bei den hohen Noten ein Aufleuchten und Erhellen, erweitert durch aufflammende Ströme hoher Gedankenkräfte festzustellen. Der untere Teil der Aura antwortet mehr auf die Anrufung, ja sogar Traurigkeit der Worte, indem sie sich ein wenig neigt und die Form eines weiten fülligen Rockes annimmt, der über den Boden hinausreicht. Seine Farben sind Purpur, Grün und ein wenig Grau.

Die dritte Strophe wird laut in englischer Sprache vorgelesen. Die Auswirkungen sind stark vermindert. Das ist zum größten Teil auf die Verstandestätigkeit der Vorlesenden zurückzuführen, auf ihr Erinnerungsvermögen und ihre üblichen Reaktionen.

Danach singt sie noch einmal die letzte Strophe. Die Rückseite ihrer Aura ist aufnahmebereiter und dehnt sich in zwei deutlich erkennbaren schwingenförmigen Energieströmen aus. Diese Strophe verstärkt den Haupteffekt, so daß das innere Ego mit den astral-mentalen Körpern und der gesamten Persönlichkeit verschmilzt, was sich offenbar höchst positiv auswirkt.

*) Die Gesundheitsaura ist eine Emanation der Physis, und ihr Zustand hängt stark von der Gesundheit ab. Eine Beschreibung und Darstellung der Gesundheitsaura ist in C.W. Leadbeater's Buch »Der sichtbare und unsichtbare Mensch« zu finden (Kap. XX) — d.Hrsg.

DIE WORTE »AVE MARIA«

Werden die Worte "Ave Maria" gesungen, wachsen Intensität und Lebhaftigkeit, und der Wirkungsbereich ist umfangreicher, was trotz der Ermüdung vom langen Stehen zum gesundheitlichen Nutzen der Sängerin beiträgt. Die beiden letzten Noten von "Maria" lassen ein Blau und Gelb entstehen.

Nochmals wird "Maria" alleine gesungen. Das Klangband ist in seiner Wirkung bestätigt; die Note trägt die Verantwortung für die Farbe; die Ausdruckskraft des Gesangs für die Größe; die Dauer, eine Note zu halten, für die Ausdehnung und der Konsonant für das Ende der Form.

Werden die Worte nochmals gesungen, dann tritt zu den genannten Farben ein wunderschönes Rosen-Rot. Das Stirn-Chakra der Sängerin vergrößert sich beachtlich. Es dehnt sich mindestens um zehn Zentimeter aus.

DIE ANTWORT DER ENGEL

Ein wunderschöner Engel schwebt hinter der Sängerin in einem Abstand von etwa zwei Metern. Sein Kopf ist über dem ihren zu sehen. Der Engel erstrahlt in einem Blau, das auch die Farben des Liedes zeigt. Er antwortet auf den Rhythmus der Bewegung, als ob sich, wenn auch nicht tatsächlich, die gesamte Aura im Takt wiege. Ein strahlender fünfzackiger Stern leuchtet über der Stirn des Deva, der die Sängerin und durch sie die Zuhörer segnet. Ich vermute, daß dieser Engel ein Vertreter jener Engel-Ordnung ist, die für die Welten-Mutter wirkt. Daher überträgt er ihren Segen durch die Sängerin auf die Zuhörerschaft.

Unsere Auren nehmen einen Hauch von jenem Blau der Welten-Mutter an. Diese Farbe ist viel strahlender als es irgendein Gemälde wiedergeben könnte.

Sie ist so intensiv, als glühe sie von innen heraus. Unsere Auren strahlen nun durch diese Einwirkung auf; dasselbe gilt für Murray Stentifords Aura. Er sitzt im Hintergrund der Sängerin. Offenbar ist es für diese Einflüsse unbedeutend, wo jemand sich aufhält (obgleich Murray stets sehr aufnahmefähig ist und ungeachtet seines Platzes immer stärker berührt würde als ein durchschnittlicher Zuhörer).

Voll Ehrfurcht nehme ich wahr, daß die Welten-Mutter unter diesen besonderen Umständen unserem Ego ihre herrliche Existenz offenbart. Dieselben Wirkungen werden, den einzelnen Graden der Aufnahmefähigkeit entsprechend, bei allen Sängern und Zuhörern dieses wunderbaren Liedes hervorgebracht. Dabei muß natürlich eine betont negative Haltung der Religion selbst und Maria im besonderen gegenüber berücksichtigt werden. Diese hindernde Einstellung schafft fast eine negative Reaktion in der jeweiligen persönlichen Aura, obgleich niemand völlig unempfänglich ist.

WIEDERHOLUNG

Als Wendy Dixon das "Ave Maria" drei Wochen später singt, kann ich die Auswirkungen auf die Sängerin bestätigen, besonders jene auf den Ätherkörper und die Gesundheitsaura. Fast augenblicklich nehmen die Ausstrahlungen des ätherischen Doppels von etwa acht bis zehn Zentimetern auf fünfzehn bis zwanzig zu. Bei den Obertönen ist der 'Geweih'-Effekt deutlich sichtbar. Das Herzchakra, das ich zuerst wohl übersehen hatte, öffnet sich fast sofort um das Zweifache seiner normalen Größe. Es glüht goldfarben, mit seinem Innern zu einem von oben kommenden trichterförmigen Energiestrom gewandt. Auch bemerke ich eine verstärkte Antwort in der astral-ätherischen Aura, welche sofort sichtbar wird, sobald sie zu singen beginnt.

Ich frage Wendy, ob sie sich in der gleichen psychischen Verfassung wie das letzte Mal befindet. Sie erklärt, sie sei am vorhergehenden Morgen zum "Ritter der Tafelrunde" in einer zeremoniellen Bruderschaft emporgehoben worden. Die Auswirkung ist sofort sichtbar, obgleich ich es anfänglich lediglich als eine verstärkte Reaktion aufgrund eines psychischen Wandels ansah.

Während sie die erste Strophe singt, erscheint der 'Geweih'-Effekt. Stirn- und Kopfchakra sind seit dem letzten Mal stark vergrößert und reichen fast doppelt so weit in die astral-mentale Atmosphäre hinein. Auch das Kehlkopf-Chakra ist größer und die Kundalini ist zweifellos bis zu einem gewissen Grad gefahrlos aufgestiegen. Richtig genutzt, wird sie die mystische Bewußtheit vertiefen und die spirituellen Wirkungen auf Sängerin und Zuhörerschaft beeinflussen.

Während des Gesangs umfließt Gold ihre gesamte Aura. Gleichzeitig leuchtet ein sanftes Gras-Grün vom Herzen zu den Ohren. Darüber wird in verschiedenen sich wandelnden Stellungen das reine Madonnen-Blau, als wäre es in die übrige Aura eingewoben, sichtbar. Ein wunderschöner blauer Deva strahlt plötzlich an der linken Seite in einem Abstand von einem Meter auf und verweilt dort während des Vortrages. Er richtet seine Aufmerksamkeit ganz auf die Sängerin als Individuum und verstärkt dabei in gewisser Weise die oben genannten Wirkungen.

Während ich dies beobachte, erscheinen ein Blau und Grün in dem Klang-Band, darauf, bei einem der Obertöne, ein Gelb, dann wieder Blau. Das Band geht vom Mund aus und besteht aus zusammenhängenden Formen. Langgezogen, doch nicht der Länge der Noten entsprechend, ist das " i a " in "Maria" besonders bemerkenswert, obgleich alle Formen miteinander verbunden sind.

Während der Wiederholung des ganzen Liedes erscheinen zwei unterschiedliche Bewegungen in dem Klang-Band. Bei den Vokallauten strömt eine Welle direkt von der Sängerin aus, ohne dabei im Auf- und Abschwingen an Kraft zu verlieren. Dieser nach außen gehende Effekt kehrt immer wieder. In gewissen

Abständen schlingt sich das Klang-Band anmutig durch die Musikform hindurch und umgibt die Sängerin. An bestimmten Stellen bewegt es sich aus irgendeinem Grunde wiederum vorwärts, tritt durch die Aura und Musikform hindurch und umschlingt sie dann. Das Klang-Band und die allgemeine Musik- oder Lied-Form sind während der gesamten Ausführung klar konturiert, obgleich das Klang-Band ineinander verschlungen ist.

CELLO-SPIEL

Beim Spielen der Melodie auf dem Cello werden Arm, Bogen und Saite in ätherische und möglicherweise astrale Reaktion 'geworfen'. Das ätherische Gegenstück des Armes nimmt um fünf Zentimeter an Größe zu und der Bogen rundum etwa zweieinhalb Zentimeter. Das läßt sie nicht nur vibrierend sondern seltsam lebendig erscheinen.

Ich bemerke vor allem die im Ätherischen entstehende Wirkung auf das Holz des Instrumentes. Von seiner Oberfläche gehen sehr zarte, mindestens fünf Zentimeter weit reichende Strahlen aus. Während der Klang mit seinen Auswirkungen offenbar Bereiche hinter der Sängerin berührt, geht der Hauptstrom der Musikkräfte von der Vorderseite des Instrumentes aus.

Das eigentliche Klang-Band seinerseits scheint kontinuierlich in ovalen, kugeligen und verschieden sich verjüngenden Klangformen zu verlaufen. Sie alle sind während des Spiels miteinander verbunden. Bei Pausen löst sich das Band auf und entschwindet meist nach rechts von der Spielerin und der allgemeinen Musikform.

Während der ausstrahlende Ton in der astral-mentalen Materie den Noten entsprechende Farben hervorruft, zeigen auch die mentalen und höher-mentalen Ebenen eine Wirkung. In empfänglichen Zuhörern wird die meditative Fähigkeit geweckt bzw. verstärkt. Man schreibt daher dieser Musik eine ganz bestimmte positive Einflußnahme auf die Meditation zu, einen spiritualisierenden Effekt auf Herz und Geist, der Empfangsbereitschaft des einzelnen entsprechend.

Im Verlaufe der Musik bemerke ich, wie diese die Aufmerksamkeit von Engeln an sich zieht, indem sie deren Bewußtsein anregt, sich auf jene große Wesenheit, die Welten-Mutter, einzustimmen. Auf solchen hohen Ebenen wird das herrlich strahlende Blau ihrer Aura sichtbar, ebenso die Gegenwart erhabener Engel gleicher Farbtönung. Ihr Interesse, das weitgehend im Spirituellen und Mentalen liegt, richtet sich mehr auf die reine Musik — sowie auf die Absicht von Komponist und Spieler — als auf die Sängerin selbst sowie ihre Hörerschaft. Das schließt jedoch nicht aus, daß einzelne Menschen, vor allem Frauen oder zukünftige Mütter, in großen Schwierigkeiten die Hilfe dieser Engelwesen erhalten können.

Ich glaube, diese Musik ist ein Verbindungsglied zwischen inneren und äußeren Welten und daher eine wahrhaft spirituelle Äußerung. Ich kann nicht beurteilen, bis zu welchem Ausmaß das Ego sowie die mentale Haltung der Ausführenden von der Reaktion der Engelscharen berührt wird. Es gibt wohl keine bessere Therapie für eine kranke, betrübte oder sonstwie bedrückte Frau, als solcher wunderbaren Musik wie dem "Ave Maria" zu lauschen, obgleich die Wirksamkeit wie immer weitgehend von der geistigen Einstellung und der inneren Fähigkeit des Ausführenden abhängen wird.

III

»LIEDER, DIE MICH MEINE MUTTER LEHRTE«
Dvorak

Wendy Dixon sang das vierte Lied aus dem Zyklus "Zigeunerweisen" von Dvorak. Hugh und Rae Dixon begleiteten sie auf dem Klavier.

Ich bin beeindruckt von der Kraft bestimmter Musikstücke, die Erinnerungen an Aufzeichnungen der Akasha-Chronik*) wachzurufen. Wird Musik mit einer 'feststehenden Vergangenheit' gespielt, dann offenbart sie einem geistigen Beobachter den Akasha-Eindruck oder die Erinnerung der Natur im Zusammenhang mit dieser Musik. In unserem Fall entsteht, abgesehen von der musikalischen Darbietung, die Aufführung eines Zigeunerstammes draußen im Garten und jenseits dessen Grenzen.

Dort erkenne ich einen wilden Tanz, der mit der dargebotenen Musik nichts zu tun hat. Es scheint, als beziehe er sich irgendwie auf einen riesigen astralen 'Akasha-Stamm', der mit dem Leben leuchtend gekleideter Tänzer verbunden ist, die jetzt herumwirbeln und umherschwirren. Etwa ein Dutzend von ihnen erfreuen sich am Tanz, indem sie singen und rufen. Dieses Verhalten bezieht sich offenbar auf ihre Empfindung von der Musik.

Offensichtlich besitzt alte Musik ein Gedächtnis. Spielt man sie, dann ruft sie

*) Akasha (Sanskrit) ist ein alles durchdringendes, nicht physisches Medium oder subtiles Fluid, das Schwingungen von der Natur des Klangs enthält. Die Akasha-Chronik ist der Speicher, in dem das Gedächtnis der Natur für alle Geschehnisse liegt.

einiges davon in der umgebenden Astral-Ebene (Akasha) wach und läßt manchen der Original-Eindrücke wieder aufleben. Dies ist äußerst wichtig; nicht so sehr in unserem Fall, sondern bei tief spiritueller und "okkult" spiritueller Musik, die teilweise sehr, sehr alt ist. Wird sie gespielt, dann wiederholt sie auf der Astral-Ebene (Akasha) einige Ereignisse sowie die Atmosphäre des Originals. Ich glaube, religiöse Musik im allgemeinen, alte Choräle und Gesänge haben ebenfalls ihre Akasha-Auswirkungen.

IV

»AGNUS DEI«

Choralgesang

Farbtafel 18

Diesen Choral sangen Murray Stentiford und Hugh Dixon zweistimmig, d.h. in Kanonform mit einem Intervall von genau fünf Tönen, im Stil der frühen Sakralmusik.

Das erste, was ich beobachte, ist der vertikale Gedanken-Klang-Strom, der als direkte Weiterführung ihrer Körper nach oben geht und das Hausdach weit überragt, es ist ein personenbezogenes Ergebnis dieses Gesangs. Den Raum erfüllen farbige Musik-Effekte, die aus Stimme, Kopf und Körper der Vortragenden hinab zu ihren Schultern fließen. Die Farben schließen ein wunderschönes, sanftes Blatt-Grün ein, das der rechten Seite und den Armen entströmt und sich während seines Ausdehnens weit über den Raum und das Haus hinaus vergrößert.

Diesem wunderschönen Fluß der Klangwirkung folgt ein rosenfarbenes Glühen, das sich in dem mächtigen grünen Strom festzusetzen scheint. Danach erstrahlt Gold und Gelb um die Köpfe der Sänger, das sich gegen Ende des Chorals ein wenig weiter im Raum ausbreitet. Dieses herrliche Rosen-Rot ist die Farbe göttlicher Liebe, sie ist unbeschreiblich.

Diese Wirkungen sind in der Aura beider Sänger zu beobachten. Ich vermute, die vertikal aufschießende Kraft ist dem "Agnus Dei"*) gewidmet und zwar aus

*) Agnus Dei (Latein), "Lamm Gottes", ein Gruß an den Herren Jesus Christus

ihrem innersten Selbst heraus, da sie die lateinischen Worte des Titels vollkommen verstehen. Dann folgt als Hauptfarbe im Raum ein Ton, den es in unserer physischen Welt nicht gibt, eine Mischung aus außergewöhnlich zartem, von innen her strahlendem reinem Blau mit rosenfarbener Tönung, die ebenfalls aus sich heraus leuchtet. Diese Verschmelzung bringt einen einzigartigen, weinrebenähnlichen Farbton hervor — einfach herrlich! Auch aus dem unteren Körperteil der Sänger fließen Kraftströme; sie verlaufen mehr oder weniger parallel zur Erde. Diese Wirkung bemerke ich vor allem als sie meine eigene Aura erreicht. Vier Hauptfarben werden also durch den Gesang hervorgerufen: Blatt-Grün zu Beginn, Blau und Rosenfarben, verschmolzen zu einer unsagbar wundervollen Strahlung und dann ein goldenes Gelb.

Soweit ich beobachten kann, manifestiert sich im Gegensatz zu anderer Musik keine spezielle geistige Kraft, obwohl diese Energie bis jetzt sehr stark war. Sie strömt aus einer inneren Quelle. Während des augenblicklichen Gesangs gießt sich sehr sanft eine Energie aus, ein seltsames Phänomen für mich als Beobachter.

Einige Zeit nach Beendigung des Gesanges bemerke ich die Gegenwart und Aufmerksamkeit einiger Devas, welche fast das gleiche Blau aufweisen, das in der astral-mentalen Atmosphäre des Raumes zu sehen war. Auch sie singen bemerkenswerterweise, jedoch auf den höher-mentalen und oberen Unterebenen der normalen Mentalebene, allerdings nicht viel unterhalb. Ein Engel wird nahezu unmittelbar von dem Gesang angezogen. Man sieht ihn etwa fünfzehn oder zwanzig Meter hoch in der Luft, ein wenig zur Rechten des einen Sängers. Irgendwie besteht eine Beziehung zwischen diesem besonderen Choral und jenem Engel sowie der Ordnung der Gandharvas oder Musikengel, zu denen er gehört. Ihre Arbeit ist fast ausschließlich die der Anbetung. Sie waren in früheren Zeiten mit derartiger Musik verbunden.

EINE ALTE KATHEDRALE

Ich befinde mich nun in einer großen alten Kathedrale, zusammen mit diesem erwähnten Deva und weiteren Scharen (vgl. Farbtafel 18). Ich sitze im Chor. Der Altar ist hell erleuchtet, was sich auf der Mentalebene als wundervolle Atmosphäre ausprägt, die uns alle in der Kathedrale umgibt. Jene großen Devas antworten auf den wundervollen Choral, den der Kirchenchor singt. Der Altar erglüht in goldenem Licht.

Sehr viele Leute sind anwesend. Nun sehe ich, daß jener Deva und eine kleine Begleitgruppe speziell herbeigerufene Vertreter jener Engelgruppe sind, die in Verbindung mit dieser Art von Musik steht. Der augenblickliche Gesang hat uns allmählich mit der Akasha-Chronik verbunden. Ich sitze gewissermaßen in dieser herrlichen alten Kathedrale mit ihrer versammelten Gemeinde irgendwo in Mittel-Europa, möglicherweise in Süddeutschland. Das "Agnus Dei" wurde von einem sehr großen Chor gesungen. Die tiefen Stimmen einiger älterer Sänger erklangen zusammen mit dem Knabenchor in beiden Seitenschiffen.
Ich darf bei dieser Gelegenheit mit jener Zeit verbunden sein, als dieser besondere Choral Teil des Gottesdienstes war.
Als ich meine Aufmerksamkeit bewußt von dieser inspirierenden und völlig neuen Erfahrung zurückziehe, scheint es mir offensichtlich, daß Musik, welche Klangform und geistige Ausrichtung besitzt, uns mit der Vergangenheit verbindet und in gewisser Weise in der Akasha-Materie eine Wiederholung der Umgebung wachruft, in der jene alte Musik einst gespielt wurde.

V

»GREENSLEEVES«

Farbtafel 19

Diese traditionelle Musik war zur Zeit Heinrichs VIII. populär. Shakespeare bezieht sich in seinem Schauspiel "Die lustigen Weiber von Windsor" zweimal auf "Greensleeves" (II. Akt, Sz. I und V. Akt, Sz. 5). Es ist schwierig, die Originalfassung nachzuzeichnen. In der hier gespielten Version hat die Weise deutlich modalen Charakter, ja sogar dorische Tonart (indem sie eine Tonleiter von D zu D auf den weißen Tasten des Klaviers benutzt).

Als erstes begleiteten Klavier, Klarinette, Trompete und Horn den Gesang. Michael Dixon arrangierte die Musik eigens für diese seltsame Kombination verfügbarer Instrumente. Die Ausführenden waren Wendy Dixon (Sopran), Murray Stentiford (Klarinette), Hugh Dixon (Trompete), Michael Dixon (Horn) und Rae Dixon (Klavier).

Die erste Strophe ruft in der Luft und den nicht physischen Welten eine wellenförmige Bewegung hervor, die von jedem einzelnen Instrument und Spieler ausgeht und sich anschließend weit über die Grenzen des Hauses ausdehnt. Die Hauptfarben sind Grün und Butterblumen-Gelb; letzteres wogt und fließt während des Spiels nur so dahin. Es erscheint ebenfalls auf Schulterhöhe, überragt Wände sowie Zimmerdecke und dehnt sich im Verlauf des Gesanges weiter und weiter aus. Außerdem breitet sich um die Köpfe der Musizierenden eine goldene Rosette wie ein sich öffnender Heiligenschein. Darüber hinaus sieht man noch grüne und weiße Strahlen in dieser wunderbar sanften, wiegenden Bewegung.

Devas und Naturgeister werden stark angezogen. Ich sehe, wie ein Erd-Deva und Naturgeister, die ich nur als "Geister der Erde" bezeichnen kann, wohl von unterhalb des Erdgrundes antworten. Der Deva hält inne, als lausche er, dann nähert er sich bis zu einer Entfernung von etwa dreißig Metern, kommt dann noch weiter heran, bis er schließlich fast zu Füßen der Musiker gelangt, wobei er die ganze Zeit über keine individuelle Persönlichkeit erkennen läßt.

Andere Kraftlinien strahlen von Kopf und Schultern der Sängerin nach allen Seiten hin aus, und ihre Aura leuchtet im Bereich des Herzens gelbfarben, darüber grün. Der auffallend schönde Erd-Deva wird von vielen Naturgeistern des Gartens, welche die Musik anlockt, begleitet. Sie verweilen im Raum. Bei der Wiederholung der ersten Strophe werden die Kehlkopf-Chakren der stehenden Musiker in übernormale Aktivität versetzt. Sie drehen sich rascher, dehnen sich vom Kehlkopf her aus und überragen die Musikblätter in ihren Händen — eine höchst bemerkenswerte Wirkung.
Aus der Tiefe der Erde strömt Erdkraft durch Beine und Wirbelsäule der Musiker empor und schießt aus ihren Köpfen, wobei sie Stirn und Kopfchakra zu erhöhter Aktivität anregt. Dies hebt ihr allgemeines Bewußtsein an, besonders hinsichtlich der Schönheit der Natur. Das Herz der Sängerin antwortet sehr stark auf diese Wirkung; es nimmt an Größe und Aktivität zu und bildet eine liebliche himmelblaue und gelbfarbene Rosette. Dies zeigt eine wunderbare, blütengleiche Erweiterung des Herzens als Zentrum reinster Gefühle an, ebenso die Ausdehnung der Chakren.

Obgleich die Musik heiter und unbeschwert klingt, ist sie in Wirklichkeit mit dem inneren Geist der Natur auf der Mineral- und Erdebene, bis hinauf zum Pflanzenreich und in die Luft verbunden. Dabei ruft sie bestimmte Reaktionen in der Natur hervor. Ein entzückendes Erlebnis, auf physischer wie auf nicht physischer Ebene.

Bei der folgenden Wiederholung zeigt sich rund um Knie und Füße sowie im Raum ein tiefes Purpur, das sich, soeben hervorgerufen, in die allgemeine Aura des Raumes einschmiegt. Eine ganze Schar von Luft-Naturgeistern oder Sylphen und ein individualisierter Luft-Deva, ein fortgeschrittenes Wesen, werden von dem Spiel angelockt. Die Aura des Engels hüllt den Raum und uns ein. Sie reicht über das Dach hinaus und verleiht jenen Anwesenden ein mystisches Einheitsgefühl, die empfänglich für den Geist von "Greensleeves" sind. Dieses Stück lockt besonders Devas und Naturgeister an, speziell jene der Luft und der Erde.

Die Wirkung der Musik selbst scheint wellenförmig zu sein, so wie die Bewegung jedes Musikers, dem Rhythmus der Musik entsprechend. Das Zusammenspiel ruft eine gewisse Einheit und Verbundenheit unter ihnen hervor.

Die Musik verklingt. Die Auren der stehenden Musiker sind durchdrungen von Purpur; sie sind stark belebt und erweitert.

"Greensleeves" wird nun auf dem Klavier gespielt. Das Klang-Band erscheint ganz deutlich und zeigt die gleichen Merkmale wie die bereits beschriebenen; Form und Länge der Note entsprechend, ob nun mit bestimmten Noten verbunden oder nicht. Blau, Gelb und Grün fallen wiederum ins Auge; das Band selbst geht vom Klavier aus und schwebt durch den Raum. Dies ist auch noch etwa zwei Minuten nach dem Spiel schwach zu erkennen, obgleich die Notenform allmählich Kontur und Farbe verliert und im Auflösen begriffen ist, da die Wirkung nicht mehr die astral-mentale Materie beeinflußt.

Die Sängerin singt den gesamten Text von "Greensleeves" nur mit Klavierbegleitung. Ich bemerke, wie ihre Gesundheitsaura sich mindestens dreißig Zentimeter breit rund um ihren Körper ausdehnt; auch der Ätherkörper reagiert. Die Obertöne verursachen einen Aufwärtsstrom aus dem Herzbereich, durch die Kehle hindurchfließend und als Lichtstrahl, etwa zwei Meter breit, aus dem Kopfchakra austretend. Dies unterscheidet sich von den Klang-Bändern.

Die astral-mentale Aura der Sängerin nimmt an Umfang zu. Gelb fügt sich ein und umspielt die linke Seite der Aura; rechts zeigt sich nahe dem Körper Gelb mit einem Grün, das sich beim Singen mehr in die Aura hineinsenkt. Interessanterweise wiederholt sich die Körperform in der astral-mentalen Ebene in doppelter Größe und sogar noch darüber hinaus*). Von beiden Schläfen gehen 'geweihähnliche' Linien nach oben und erweitern sich etwa siebzig Zentimeter oberhalb des Kopfes, so daß sie während des Singens auf feinerer Ebene in gewisser Weise die anmutige Schönheit eines Rehes bilden. Die Kundalini-Kraft erhebt sich, fließt durch die Wirbelsäule der Sängerin aufwärts und tritt aus dem Kopf aus.

*) Neben der eiförmigen Aura erkennen Hellsehende ein Gegenstück zum physischen Körper, und zwar auf der Astral- und Mental-Ebene. Siehe C.W. Leadbeater »Der sichtbare und unsichtbare Mensch«, Kap. XIV (d.Hrsg.)

VI

»LONDONDERRY AIR«

Traditionelle Irische Melodie

Farbtafel 20

Der richtige Name dieser traditionellen irischen Melodie von County Derry ist "In Derry Vale". Sie wird von Wendy Dixon ohne Begleitung gesungen.

Sofort bemerke ich, daß das Musik-Klang-Band aus einer Reihe von Formen besteht, die gleicherweise miteinander verknüpft sind. Sie breiten sich durch das Fenster direkt in den unterhalb gelegenen Garten hinein aus. Die Grundfarbe, abgewandelt bei den einzelnen Noten, ist ein ganz besonderes Grün, fast wie Binsen oder vielleicht auch junger Spargel. Darunter strömt ein Blau.

Eine goldene, sich nach unten ausdehnende Strahlung durchleuchtet diese grün-blaue Musikform, ein wundervolles rosenfarbenes Aufglühen mit Gelb in seinem Innern breitet sich darunter aus. Betrachtet man dieses eindeutig blumengleiche Beispiel eines Gesangs für sich alleine, dann könnte man die Blütenblätter als im wesentlichen goldgelb beschreiben, mit einer weitreichenden aurischen Ausstrahlung, die in eine subtilere Farbwelt hineinreicht — ein unglaublicher Effekt.

In der inneren, blütengleichen Form selbst sind die Blätter hauptsächlich gelb. Sie entsenden unzählige verschiedenfarbige Klang-Energien (rosenfarben und blau fallen besonders auf), die sich mehrere Meter über die Blütenform hinaus ausdehnen. Ein äußerst komplexes Wechselspiel farbiger Kräfte bildet das Herz der Blume.

Während der ersten, vollständig gesungenen Strophe fließt die Musikform in einem wundervollen Klang-Band durch das Fenster ins Freie und löst sich schließlich in der Luft auf.
Ich nehme an (so unwissenschaftlich es auch klingen mag), daß so etwas wie ein Echo, von einer ätherischen Schallmuschel ausgehend, ein zarteres und kleineres Klang-Band zurücksendet, das den Boden entlangläuft und sich wieder mit der Quelle, der Sängerin, verbindet. Das Klang-Band ist wellenförmig und steigt wie eine Woge an. Ich kann nicht sagen, ob die höchste Note auch die höchste Stelle dieser Welle ist. Ich werde achtgeben, ob es mit der Note zusammenhängt. Doch die wunderschöne, regelmäßige, wellige Form ist eines der lieblichen astral-mentalen Merkmale des Gesanges der Künstlerin.

Grün und Gold, das in Blumenform auftritt, pulsiert kräftig und taucht in den Kelch. Ein gold-grünes Band verbindet an dieser Stelle alle Formen miteinander, besonders die grünen und goldenen.

Beim Erklingen des Tones entsteht die Form und bildet eine große, herrliche, unvergleichbare Blüte. Es muß ein geometrisches leitendes Prinzip am Werk sein, denn die Blütenblätter sind klar konturiert. Es ist mir unbekannt, wie dies zustande kommt. Die Worte scheinen diese blütenähnliche Wirkung auf der astral-mentalen Ebene hervorzubringen.

Die zweite Strophe bestätigt die rhythmischen, wellenförmigen Bewegungen, die das Fließen miteinander verknüpfter Klangformen bildet. Die Obertöne rufen die Wellenberge, die Untertöne die Wellentäler hervor, während das Ganze auf der lieblichen Wellen-Form, die weitgehend (wie ich vermute) mit Musik und Noten in Einklang steht, dahingleitet.

Die zweite Strophe wird wiederholt. Die Erfahrung ist wahrhaft einmalig. Ich bin von Gestalt und Verschiedenheit, in welcher die zusammengesetzten Liedformen erscheinen, tief beeindruckt. Manche haben spitz zulaufende 'Blütenblätter', andere hinwiederum abgerundete. Ich erkenne einen klaren Wechsel in der Farbe von Note zu Note, doch ich kann nicht eindeutig sagen, welche Note welche Farbe hervorbringt. Einige Musikformen, vor allem die kleineren, sind hauptsächlich purpurn. Ich bemerke das Erscheinen von Musik- und Notenformen, die in keinerlei Zusammenhang mit dem Band stehen, sondern fast explosionsartig auftreten und darauf in der Aura der Sängerin verschwinden.

Interessanterweise variiert die Wirkung auf die Sängerin zu ihrer Linken. Ich beobachte Phänomene, die mit dem Garten zusammenhängen, dem Gras und dem Obsthain; sie reichen bis außerhalb des Hauses. Die Aura der Künstlerin enthält etwas, das ich nur als spielerisches Zusammenwürfeln gleicher Formen bezeichnen kann. Diese haben bestimmte Naturgeister angezogen, die zu ihrer Linken hüpfen und tanzen, ebenso wie im Raum und am Boden. Es sind im wesentlichen Luftgeister, Sylphen. Einige werden von den wunderschönen Gesangsformen und deren Aktivität sowie von der Psyche der Sängerin angelockt. Luftgeister, strahlende Wesen, ganz golden, blau usw., haben sich eingefunden. Es sind kleine, sehr liebliche Kreaturen. Sie haben alle Flügel, d.h. ihre kleinen Auren bewegen sich wie Flügel. Seltsam, eine ganz blaue Sylphe schwebt auf mich zu. Sie ist halb nach hinten geneigt, als ich sie sehe. Alle bewegen sich in anmutigem Tanz innerhalb der Aura der Sängerin. Durch den Gesang und die Unterstützung der Naturgeister sind Aura und Persönlichkeit stark aktiviert und gereinigt. Entweder in einem früheren Leben oder zu Beginn des jetzigen Lebens hat die Sängerin, so vermute ich, Verbindung zu den Elementen (Erde, Luft, Feuer, Wasser) sowie zu deren Naturgeistern und den Devas des Engelreiches geknüpft.

Im weiteren Verlauf des Gesanges kann ich nun genauer beobachten, wie zusätzlich zum Klang-Band Gesang und Musik den Raum mit belebenden Kräften und wunderschönen sanften Farben anfüllen, besonders von Kehle und Lippen der Sängerin ausgehend. Diese nehmen eine weite halbkreisförmige, von Farbe und Licht erfüllte Form an, die ihrerseits ein Ergebnis der Musik selbst sind. Dieser durchdringende Einfluß ruft die Farben Purpur, Gold,

Grün, Gelb und Blau hervor. Die Sängerin befindet sich mitten in den Musikwirkungen, obgleich diese im wesentlichen vor ihr auftreten und dann zu ihrer Rechten direkt den Raum verlassen und mehrere Meter in die Luft hineinfluten.

Die Peripherie der großen 'Liedhemisphäre' hat zu Beginn die Größe der Stimmbänder, doch fast plötzlich dehnt sie sich aus, um die Seite einer großen, mit Klangeffekten gefüllten Schale zu formen. Besonders die oberen Kanten variieren entsprechend der Noten in Farbe und Gestalt. Die Obertöne lassen ein hohes Dach oder eine v-förmige Wölbung entstehen, während die anderen Noten 'musikalische Knötchen' auf der Oberfläche bilden, die sich, je nach Note, in Größe und Farbe unterscheiden. Der gesamte Raum ist von diesem eindeutigen Muster erfüllt, das völlig unberührt von physischer Materie bleibt und sich ins Freie hin ausdehnt.

Die Wirkung auf die Zuhörer ist ein Phänomen, das ich nie zuvor beobachtete. Außer einem Band aus Musikformen, die Wort und Note hervorbrachten, wird in der 'Schale' auch ein Strom formloser Energie ausgesandt, der direkt und verschieden weit aus der Stimme fließt. Dieser Gesangsstrom, der sich vom Klang-Band unterscheidet, wird geradeaus geschickt, wobei Länge, Größe und Volumen der Note entsprechen. Je länger die Note, desto länger hält dieser Strom an. Bei einigen Noten verläßt er den Raum, bei anderen endet er auf halbem Weg, während er bei einigen in der Nähe der Sängerin bleibt, einige Meter von ihr entfernt, um dann in die allgemeine Form dahinzuschwinden. Die Farben entsprechen genau den Noten, vorwiegend Blau und Gold.

Es entstehen also nicht nur aus Formen zusammengefügte Klang-Bänder, sondern jedes Wort, jede Note oder Notengruppe strömt etwas aus, das direkt den Stimmbändern der Sängerin, die ihren Text verfolgt, entspringt.

Man kann also annehmen, daß Mund und Lippen der Sängerin nicht nur für die Form des Klang-Bandes verantwortlich sind, sondern daß dieser 'Energiestrom' durch die Lippen in die Luft fließt. Stimmbänder und Mund könnten mit einem Instrument verglichen werden, das einen Ton erzeugt. Während des Gesangs bringt jede Note eine Kraft hervor, die in dreifacher Weise nach außen gerichtet ist, dem entsprechend gefärbten Klang-Band, der luftgefüllten 'Schale' und dem Liedstrom.

VII

»PRÄLUDIUM IN CIS-MOLL«

Johann Sebastian Bach

Bach's Musik ist ein Beispiel für sein tiefreligiöses Bestreben. Das zeigt sich nicht nur in seinen machtvollen Chor- und Orchesterwerken, sondern ebenso in seiner Musik, die er nur für Klavier und Orgel schrieb. Murray Stentiford spielte auf dem Klavier Präludium Nr. 4 aus dem ersten Buch der achtundvierzig Präludien und Fugen von J.S. Bach.

Während ich dieses wundervolle Musikstück beobachte, erhebt sich mein Geist, mag es auch nur geringfügig sein, zum göttlichen Schöpfer und teilweise zu den göttlichen Vorgängen der Schöpfung. Abgesehen von den lieblichen Musikformen, wie ich sie in meinem Buch »Music Forms« beschrieb, und die sich so wunderbar im ganzen Raum ausbreiten, entsteht eine Wirkung, welche die Persönlichkeit, besonders aber den Geist der Musizierenden und der aufnahmebereiten Zuhörer immer harmonischer auf das innere Selbst einschwingen läßt. Dies gilt vor allem im Hinblick auf die geordnete Harmonie des Universums und jener Gesetze, durch die sie auf allen Ebenen der Natur zum Ausdruck kommt. So erkennt man, wenn auch nur bruchstückhaft, das innerste spirituelle Sein, das EINE ALLEIN, das Welten und Universen erdenkt und mit den Worten der gesprochenen Musik einen Klang hervorbringt, der Noten und Töne enthält, als Audruck eines Teiles des "Großen Wortes" und in dem sich ein gottähnliches Bewußtsein des Universums kundgibt.

Diese Erkenntnis muß nach und nach übertragen werden, Ebene für Ebene, von jenen spirituellen Höhen durch Atman (spiritueller Wille), Buddhi (spirituelle Weisheit-Intuition) und das höhere Manas (Intelligenz) in den äußerlichen Geist, wo dieses große Werk jenes göttliche Muster, mit dem es völlig im Einklang steht, auszudrücken scheint.

Der Mentalkörper des Musikers antwortet in wunderbarer Weise, besonders von den Schultern an aufwärts, so daß sein Bewußtsein während des Spiels mit der göttlichen Klangidee verbunden ist. Der gesamte Bewußtseinsträger schwingt sich verstärkt auf diesen einen Aspekt des "Einen Wortes"*) ein, wird eins mit ihm und drückt es aus.

Rhythmus und Aufeinanderfolge jener Abschnitte der Musikform, die, entsprechend der einzelnen Phasen welche Geist und Gefühl durchwandern, unterschiedlich in der Farbe sind, erweitern und bewegen die astral-mentale Aura des Künstlers beachtlich.

Astral- und Mentalkörper haben sich über Nacken und Schulter zwei oder drei Meter ausgedehnt. Bei genauerer Beobachtung formen sie sich eigenartigerweise wie Wellen oder Gruppen ineinander übergehender Berge und Täler, alle in fortlaufendem Muster miteinander verknüpft, Ausdruck eines Gedankens des Göttlichen. Dieser Vorgang hält an.

Wie in der Meditation so ist auch hier das Gehirnzentrum zu größerer Sensitivität für das Ich-Bewußtsein angeregt. Thalamus und Hypothalamus im Kopfzentrum werden stimuliert. Die Klangwirkungen verweilen in diesen, dem Gewebe und den Molekülen jenes Gehirnabschnittes und den damit verbundenen Organen. Sie schwingen in rascherer Frequenz und sind daher aufnahmefähiger als normalerweise.
Diese Komposition ist eindeutig ein meditatives Werk und wirkt durchaus segensreich.

*) Das Eine Wort: Am Anfang war das Wort und das Wort war bei Gott, und Gott war das Wort. (Joh. 1/1)

VIII

UNSERE ANBETUNG ERHEBT SICH WIE EINE AUFSTEIGENDE FLAMME

Unbekannte Weise

Farbtafel 21

Den Text zu diesem Choral schrieb Reverend C.W. Scott-Moncrieff. Wendy Dixon sang ihn nach der Melodie "St. Charles". Rae Dixon begleitete sie auf dem Klavier.

Im Bereich der Stimmbänder entsteht eine Musikform, die aussieht, als habe sie Wurzel und Stiel. Sie tritt aus dem Mund hervor und öffnet sich pulsierend in eine immer größer werdende Blütenform, die schließlich einen Umfang von ungefähr fünfzehn Metern erreicht. Die 'Blütenblätter' sind angefüllt mit Grün und Blau. Gold flackert in der Mitte der sanft ausstrahlenden, ein wenig schwingenden Form. Ich vermute (was sich später bestätigt), daß diese Wirkung im Verlauf des Gesanges bestehen bleibt.

Innerhalb der äußeren Gestalt sieht man eine regelmäßiger ausströmende Form. Sie gleicht einer Blume und zeigt im Öffnen ein Violett, das sich mit den anderen Farben mischt. In der Herzgegend ist von Anfang an eine Form erkennbar, die einer Blumenzwiebel ähnelt.

Während drei hintereinander gesungener Strophen breitet sich die Vokalmusik weiter und weiter aus. Nach der dritten Strophe hat sie eine Entfernung von mindestens sieben Metern erreicht. Ich muß erwähnen, daß sich die ständig hervorgerufenen Formen in sich selbst leicht wellenförmig bewegen, ausgenommen die zentrale Figur mit ihren angrenzenden Bereichen, was einem prachtvollen Blütenkelch gleicht. Dieses Zentrum beginnt als kleine kugelrunde Form in vielen Farben, vornehmlich Gold und Violett. Dann dehnt sie sich bis zu der Größe der umfassenden Kontur aus. Sie ändert ihre Gestalt entsprechend der Worte und Noten. Violett, besonders im Herzen dieser herrlichen Blume mit ihren unentwegt sanft wiegenden äußeren Rändern, taucht empor, wobei sich das Innere ständig neu entfaltet.

Das Singen eines Chorals, vor allem mit solchen wunderbaren, inspirierenden Worten, wirkt sehr stark auf einen sensitiven und spirituell veranlagten Musiker. Es hängt fast völlig davon ab, bis zu welchem Grad die verborgenen Kräfte im physischen und in den nicht physischen Körpern früher geweckt wurden. Die Wirkung setzt sehr bald ein und führt dazu, daß sich die Aura ausdehnt und um Kopf und Schultern, in Antwort auf die Ausstrahlungen des unsterblichen Selbst sowie die erhebende Musik, aufleuchtet.

Sakrale Gesänge, besonders Psalmen und Choräle, sind für alle Sänger sehr segensreich; denn sie bringen das innere Selbst in engere Verbindung zu der äußeren Person. Ist diese genügend aufnahmebereit, dann können sich Bewußtseinserweiterungen, das Auftreten spiritueller Gedanken und deren innere Erfahrung ereignen. Kirchengemeinden sollten das wissen, damit empfängliche Menschen Nutzen aus dem gehobenen Bewußtsein während ihres Gesanges ziehen können. Dies ist durchaus wichtig, da solche Auswirkungen im Leben des einzelnen eine Rolle spielen können. Der Wert kirchlicher Musik und ihrer Aufführung vergrößert sich durch das Verständnis dafür.

Es kommt mir der Gedanke, daß der Organist viel dazu beitragen könnte, wäre er geübt, bewußt für diese allgemeine Erhebung während seines Begleitspiels zu arbeiten.
Interessierte Organisten haben wunderbare Gelegenheit dazu. Das gilt natürlich noch mehr für den Chor, denn wenn der gesamte Chor in dieser Absicht sänge, könnten die Wirkungen auf alle Anwesenden stark vermehrt werden. So

gesehen tragen Gottesdienste mehr zur Erhebung des Bewußtseins bei als dies jetzt ersichtlich ist.

Bei der Wiederholung des Stückes erkenne ich einen anderen Aspekt jener geistigen Wirkungen dieser Musik. Der besondere Choral spricht die Engel an. Er betont vor allem die Göttlichkeit des Universums, vorrangig den "Zweiten Aspekt", inkarniert als der Herr Jesus Christus, hier "Meister" genannt. Auf die Äußerung dieses Wortes folgt eine verstärkte Antwort des Meisters. Inmitten der beschriebenen Form fließt durch Kopf und Stimmbänder der Sängerin eine Flut gold-gelben Lichtes, das die Form aufstrahlen läßt. Engel antworten auf die erste Strophe. Sie scheinen dem Ersten Strahl anzugehören, oder aber ich täusche mich aufgrund ihrer Gestalt und dem Aufwärtsströmen ihrer Auren, das ich nur als kronengleich beschreiben kann.

Ein Engel sagt etwa folgendes zu mir: "Wir gehören nicht dem Ersten Strahl an. Wir sind Mitglieder jener Hierarchie, die mit der Emanation des "Göttlichen Gedankens" im Universum betraut ist. Mit unseren Helfershelfern gestalten wir alle Formen nach diesem Wort. In erster Linie antworten die Engel der Musik. In der bereits entwickelten Menschheit liegt eine spirituelle Fähigkeit, die man am besten als Anbetung bezeichnet. Sie ist eine der höchsten, edelsten und spirituellsten Fähigkeiten im Menschen. Jener Choral ruft diese Qualität im Sänger wach, was auch bei einer Gemeinde der Fall ist. Obgleich wir mit einem solchen Gesang aufgrund seiner eröffnenden Strophen verbunden sind, nehmen wir nicht daran teil."

Cherubime umgeben uns, während wir lauschen. Ich erkenne wunderschöne kleine Naturgeister unterschiedlicher Entwicklungsstufe mit engelhaften Kindergesichtern. Ihre Form besteht fast nur aus Flügeln. Sie fliegen umher und erfreuen sich. Sie öffnen und schließen den Mund, sie scheinen zu singen. Daher vermute ich, daß es eine Engelordnung gibt, die ich nie zuvor sah. Ich vermute, es sind die jüngeren Mitglieder jener Hierarchie der "Engel der Musik", die sich um die gesamte göttliche Musikkunst (sogar um die Natur selbst und ihre Singvögel) und alle menschlichen Musiker kümmert, bis hinauf zu jener hoch entwickelten Stufe der Engel, die bei den Hindus "Gandharvas" genannt werden.

Ich erkenne einen bestimmten, rein spirituellen und äußerst wichtigen Aspekt — die Bedeutung und Aufgabe der Musikkunst im allgemeinen. Vielleicht kann man es als Ausdruck "Logoischen Gesanges" bezeichnen, die erhebende göttliche Manifestation der einen zeitlosen Idee des Universums während seines Evolutionsweges. Der Göttliche Musiker ist weit jenseits der Begrenzungen irgendeiner Art von Musik, Instrument oder Stimme. Er ist der rein göttliche Aspekt der Musik.

IX

DER PRINZ VON DÄNEMARK-MARSCH

Jeremiah Clarke

Farbtafel 22

Dieses populäre Musikstück für Trompete wird häufig als "Trumpet Voluntary" bezeichnet und im allgemeinen Henry Purcell zugeschrieben. In Wirklichkeit jedoch schrieb es Jeremiah Clarke, der ein Zeitgenosse Purcells war. Es ist interessant, daß ich etwas Majestätisches wahrnahm, noch bevor ich den Titel des Stückes kannte. Hugh Dixon spielte es auf der Trompete, Murray Stentiford begleitete ihn auf dem Klavier.

Die astral-mentalen Auswirkungen dieser Musik, die sich bis zum Nachbarhaus erstrecken, beeindrucken mich sofort. Das ist das erste, was mir auffällt, diese weitreichenden mental-astralen Klangeffekte.

Während des Spiels erhebt sich die Kundalini, jene kreative Energie, in den Musizierenden, schießt deren Wirbelsäule entlang aufwärts, aus dem Kopf und hoch in die Luft. Für einen bewußten und wachen Jünger auf dem Pfad wäre diese Wirkung durchaus bereichernd.

Eine der Hauptfarben, die den Raum erfüllen und sich darüber hinaus ausdehnen, ist ein vollendetes Gold-Gelb. Mit der Trompete erscheint auch ein Grün, das sich in variierenden, dunkler werdenden Schattierungen hinab zu den Knien ergießt. Zunächst erscheinen die Farben als wellenförmige Bewegungen in der Luft. Die obere Hälfte der Musikform kräuselt sich dabei, als ob sie bei jedem Triller in winzigen Wellen überwechsele. Die Wirkung auf den Spieler bleibt sehr stark, besonders hinter ihm, was zu einer positiven Beeinflussung der Rückennerven führen kann. Ein empfänglicher Mensch wird im ganzen auf diese Weise energetisch angeregt.

Auch wenn die Musik vorübergehend innehält, bleibt diese Wirkung, gleich einem 'Heiligenschein'. Er zeigt sich ziemlich gleichmäßig in Purpur an der Kehle und am Herzen, Gelb oder Gold am Instrument sowie Grün darüber. In den oberen Bereichen kommt ein Violett hinzu, das die Musik hervorbringt. Es setzt sich in der Aura der Künstlerin fort, schwindet jedoch nach und nach im Raum dahin.

Bei einer Wiederholung schießen goldene Strahlen aus dem Hinterkopf des Musikers in die astral-mentale Atmosphäre, gleichzeitig fallen die Triller auf. Sie entstehen im Instrument, erheben sich dann ein wenig nach vorne vom Künstler weg, wobei sie winzige Wellen bilden in der 'Form' der Musik-Essenz und deren Wirkungsweise, die den Musiker in zunehmendem Maße umgeben. Die gesamte Musikform erreicht einen Umfang von ungefähr fünfzehn Metern. Die astral-mentale Umgebung antwortet auf die vibrierenden Linien, indem sie in jenen zahlreichen Farben aufglüht.

Vom Schalltrichter der Trompete selbst geht ein tüllenförmiger Strahl leuchtend farbiger Kraft aus. Der Musiker ist während seines Spiels von wellenartigem Farbwechsel in der astral-mentalen Atmosphäre umgeben, was sich hunderte von Metern weit über das Haus hinaus in die Luft fortsetzt.

Soweit ich erkennen kann, zeigt sich diese aufsteigende Klangwirkung zusammen mit anderen Einflüssen, indem sie in diesen emporschießt, darin aufleuchtet oder -blitzt und hindurchflutet. Ein besonderer Effekt entsteht hinter dem Rücken des Trompeters; eine blaß lavendelfarbene Kraft entströmt den Bronchien. Ich beobachte eine seltsame Unruhe in seiner astral-mentalen Aura. Ein außergewöhnlich schönes Lavendel überragt Nacken und Schultern etwa um einen halben Meter.

Die ersten Takte wirken wie ein Schock auf die Zuhörer. Die Reaktion darauf ist eine Erweiterung der Gesundheitsaura. Der Ätherkörper vergrößert sich und erhöht seine Schwingungsgeschwindigkeit soweit wie es ihm möglich ist, was eine vermehrte Aufnahme von Prana bzw. Vitalenergie zur Folge hat.
Aus astraler Sicht erscheint es, als ob ein scharfer Wind den Ätherleib des Musikers leicht, seine astral-mentalen dagegen kräftig anblase. Dadurch dehnen sich die Auren in der gleichen wellenförmigen Bewegung aus. Der angeborene Sinn für Musik ersetzt nach und nach den Schock durch Freude und Aufnahmebereitschaft für die Schönheit der Musik. Das wirkt auf die Auren der Anwesenden (hauptsächlich von den Ellbogen an aufwärts), dehnt diese aus, läßt das innere Selbst aufmerksam werden für die Persönlichkeit und der lieblichen Musik als einer mystischen Erfahrung lauschen. Das Musikspiel bringt das Ego auf diese Weise der Persönlichkeit näher.

Tief in der Kopfmitte und den entsprechenden Bereichen empfinde ich ein Bewußtsein, das ich nur als "ehrfürchtiges Verständnis" oder sogar "Würdigung wundervoller Musik" bezeichnen kann. Die Ätherkörper der Zuhörer sind weiter als gewöhnlich ausgedehnt und reichen sogar von fünfzehn bis zu fünfundzwanzig Zentimetern, während die astral-mentalen Auren noch mehr angeregt werden. Das mag für jede 'gute' Musik zutreffen, doch bei dieser ist es besonders auffällig.

Die Ordnung der Gandharvas antwortet fast umgehend. Ich kann sie nur als "göttliche Trompeter" bezeichnen. Einer von ihnen ist goldgelb, während hinter und über ihm ein 'Chor' von Erzengeln erstrahlt, der um die Klangwiedergabe bemüht ist. Diese Devaschar ist auf den supramentalen Ebenen zu finden. Sie scheinen erfüllt zu sein von dem spirituellen, ja sogar persönlichen Ideal königlicher Würde, einem Prinzip, das im Bewußtsein dieser großen Wesenheiten 'hinter' der menschlichen Existenz herrscht. Dieser supramentale Einfluß berührt jene Anwesenden, die fähig sind, darauf mit einer Anregung ihrer evolutionären Entwicklung zu reagieren, besonders jene, deren innere Spiritualität man "königlich" nennen könnte. Es handelt sich um die Erste-Strahl-

Qualität und wahrhaft königliche Fähigkeit, die Persönlichkeit unter Kontrolle zu haben, was einen wertvollen Aspekt dieser Musikdarbietung ausmacht.

Die majestätischen, durch diese Musik herbeigerufenen 'Engel-Trompeter' gehören der Hierarchie der Erste-Strahl-Deva-Könige und den Devas der siebenfach ausgegossenen Schöpferkraft des Solaren Logos an. Sie arbeiten unter einem großen Erzengel-König unseres Planeten. Sie haben herrliche, kronengleiche aufwärtsstrebende Strahlen über ihrem Kopf, was sie prachtvoll königlich erscheinen läßt. Alles ist reich an Farbe.

X

HORN KONZERT NR. 1

Haydn

Farbtafel 23

Der zweite oder langsame Satz dieses Konzerts für Horn und Streicher ist in A-Dur geschrieben. Seine langen Ton-Passagen verlangen dem Horn alles ab, dessen es fähig ist, jene getragene Schönheit des Klanges in hohen wie in tiefen Lagen. Michael Dixon spielte ohne Begleitung.

Ich nehme sofort eine ziemlich konzentrierte Strömung farbiger Energie wahr, die von einem sich weit öffnenden Trichter umgeben ist. Dieser besteht jedoch nicht nur aus einer einzigen, der Note entsprechenden Farbe, wie ich es erwartet hatte, sondern die vorherrschenden Farben enthalten ebenso Rot, Grün und Gelb, als Ergebnis eines 'Echo-Effektes', welcher das Metall des Instrumentes, das in unterschiedlicher Frequenz schwingt, hervorruft.

Während die Haupt-Klangform vom Ende des Instrumentes ausgeht und im wesentlichen in seiner Richtung verläuft, sendet seltsamerweise das gesamte Instrument farberzeugende Musikenergien aus. Tatsächlich steuert das ganze Instrument sehr viel zu den nicht physischen Wirkungen auf den Musiker und alle in seiner Umgebung bei. Diese Farben mit ihren Schwingungen unterscheiden sich jedoch in ihrem Erscheinungsbild völlig von denen des Gesanges. Das ganze Geschehen gleicht einem außerordentlich feinem Tremolo.

Beim Spiel des nächsten Abschnittes breitet sich das Klang-Band im gesamten Raum und darüber hinaus aus, anders als beim Gesang des "Ave-Maria" sowie

einiger anderer Werke; denn hier flutet das Klang-Band durch den Saal nach draußen.
Die weiteren Wirkungen zeigen sich hauptsächlich i n n e r h a l b der Aura des Musikers und seiner Umgebung in fortlaufend variierender, äußerst fein vibrierender, farbiger Musikenergie. Während des Spiels dehnt sich das Klang-Band mit seiner Wirkungsweise zunehmend aus, daher wird rasch die räumliche Begrenzung des Hauses verlassen.

Beim nächstfolgenden Abschnitt bemerkte ich, wie jede Note der ersten Gruppe eine getrennte (oder auch nicht) miteinander verbundene Sequenz von Klangformen, hauptsächlich in Rot, Grün und Gelb, der jeweiligen speziellen Notenfarbe entsprechend, so vermute ich, hervorruft. Die ersten sind, als sie aus dem Instrument fluten, vorwiegend sphärisch und von einer Strahlung umgeben. Viele erheben sich über den Kopf des Musikers, alle entströmen sie dem Ende des Horns, wobei einige sehr bald zerfallen.

In der astral-mentalen 'Luft' entsteht dadurch eine Aufeinanderfolge von Klangformen, die nicht ganz sphärisch sind, sondern mehr eiförmig. Einige, besonders jene aus kurzen und tremolierenden Noten, steigen über den Kopf des Musikers. Andere scheinen über ihm in der Luft zu tanzen, dann verschwinden sie, zweifellos in dem Augenblick, in welchem die Klangwirkungen der Note (meist staccato) dem Ende zugehen. Das ist mein Eindruck von diesem Phänomen.

Diese Klangnoten erfüllen den Raum völlig, während die Klang-Band Komponenten, von denen viele miteinander verbunden sind, zu einem fortlaufenden Strom werden. Fast alle diese Einzelstücke gleichen stark verlängerten Elipsen. Sie haben jedenfalls eine ziemlich ausgezogene, tubuläre Erscheinungsform, jede in ihrer Grundfarbe. Bei diesem Instrument (Horn) scheint eigenartigerweise auch eine Kombination von gemischten Farben aufzutreten,und das hauptsächlich im äußeren Drittel oder Viertel des Umkreises jener Klang-Band-Form. Viele tanzen und schwirren in der Luft umher, und es ist ziemlich verwirrend, sie zu beobachten. Sie scheinen nicht viel länger als der eigentliche Ton selbst zu bestehen.

Bei einer Bass-Passage wird der letzte Ton lange gehalten. Eigenartigerweise scheint der ganze Körper des Bläsers in diesem Augenblick irgendwie ein Teil des Instrumentes zu sein, zumindest vom astral-mentalen Blickpunkt aus gesehen. Daraus ergibt sich, daß einige Musikwirkungen sowie ausströmende ätherische Kräfte vom Körper des Musikers ausgesendet werden. Dies ist anders als bei den Gesängen, wo Solarplexus, Herz, Kehle und Stirn-Chakra beteiligt waren, obgleich in einigen Fällen die Stimme die tatsächliche Hervorbringerin war. Daraus schließe ich, daß nicht nur ein Horn oder menschliche Organe, wie Kehle und Mund z.B., übernatürliche Musikwirkungen hervorbringen, seltsamerwise ist eher das ganze Wesen des Musikers, physisch, astral und mental an dem Vortrag beteiligt, vermutlich unterschiedlich, aufgrund der persönlichen Mentalität.

Die Triller der langen Noten haben eine zylindrische Musikform. Man erkennt sie sofort, da sie in sich selbst zittert, abgesehen von der bereits beschriebenen äußeren feinen Vibration. Das ruft eine besondere Wirkung hervor, die ich nie zuvor beobachtete. Während die Musik vom Instrument ausgeht,und eine Notenfarbe, die hauptsächlich auf der Notenlänge beruht, hervorbringt, scheint sie, gespielt auf diesem Instrument, die Anwesenden mit einer außerordentlich feinen 'hohen' Schwingung zu versehen, die während der gesamten Aufführung erscheint.

Soweit ich dies beurteilen kann, werden eine Serie eng miteinander verknüpfter, blattähnlicher Formen nach allen Seiten hin ausgesandt, vorwiegend oberhalb unseres Raumes, von wo sie dann in einer einzigen großen Gestalt verbundener musikgeformter 'Blätter' dahinströmen. Diese Form wiegt sich sanft beim Verlassen des Hauses, etwa zwanzig Meter oder mehr in den Garten hinein.

Die Obertöne rufen eine Aufwärtsbewegung dieser Formen hervor, was letztendlich zu einem komplizierten und außergewöhnlichen Gesamtbild führt, obgleich beim Instrument, dem Entstehungsort, alles zentriert war.

Hier muß mein Beobachtungsversuch enden, da die Blatt- und Blütenformen sich verwickeln, mischen und über die Form gleiten, was kein einheitliches Erscheinungsbild mehr gibt.

XI

»DAS VERGEBLICHE STÄNDCHEN«

Brahms

Farbtafel 24

Ein junger Mann bittet seine Liebste um Einlaß, da die Kälte draußen ihn schmerzt. Sie antwortet, "wenn seine Liebe ihn nicht genügend wärme, so gehe er besser heim in sein Bett". Ein reizendes Lied, das Wendy Dixon ohne Begleitung in deutscher Sprache singt.

Während der ersten Strophe wird die Aura der Sängerin anmutig 'beunruhigt' oder besser gesagt, sie ändert ihre ovale Gestalt und 'Feuerwerkskörper' oder 'Klangblätter' in verschiedenen Farben, grün, blau, weiß, einige blau mit rosenfarbenen Rändern, werden hervorgebracht. Sie schießen aus der Aura heraus ins Freie. Dies ist die wesentliche Wirkung auf die Aura der Sängerin.

Das Klang-Band ist schwierig zu beschreiben, da es ständig unterbrochen wird. Die einzelnen Teile sind in gewissem Sinne explosiv, d.h. anstelle einer runden, vollständigen Form ähnelt es mehr einer langen Serie von miteinander verknüpften, blitzartigen Formen, vor allem in Blau und Weiß.

Während der zweiten Strophe verläßt jede einzelne Gruppe der Gesangsformen die Sängerin und bewegt sich im Raum, meistens in Kopfhöhe und ein wenig darüber. Diese Formen können daher nicht direkt als Band bezeichnet werden, sondern eher als eine Gruppe von Gesangsformen, die im Raum umhertanzen, teils aus Anhänglichkeit, teils aus Freude. Von der vorangegangenen Strophe bleiben noch die Liedabschnitte und 'Kurzbänder'.

Die Wirkungsweise der dritten Strophe auf die Aura der Sängerin geht weitgehend von den Schultern und Armen aus und erstreckt sich über den Kopf hinaus, während sie steht. Sie ist so tiefgreifend, daß sie winzige Wellen in der gesamten Aura entstehen läßt, eine seltsame Unregelmäßigkeit. Eine kleine Welle wird geboren, darauf folgt eine weitere; dann eine andere Farbe usw. Die meisten nehmen ihren Ursprung vom Ellbogen an aufwärts, obgleich einige seitlich, parallel zum Erdboden erscheinen. Andere neigen sich etwas nach oben. Vom Kopf-Chakra führt ein Strom aufwärts. Die Wiederholung dieser Strophe bewirkt den gleichen Effekt. Die Musikformen haben unterschiedliche Farben, wobei einige an den Rändern und Enden ein wenig gezackt sind.

Die vierte Strophe bringt ähnliche Formen hervor, die im Raum umherschießen und dann in den Himmel emporsteigen, sozusagen nach Note und Formation und, wie ich vermute, nach Bedeutung. Einige gruppieren sich vor dem Gesicht und der Kehle der Sängerin und kommen auf mich zu, andere gehen in andere Richtungen.

Die Wirkung dieses Musikstückes ging nicht sehr tief und bezog das höhere Bewußtsein der Sängerin nicht mit ein, mit anderen Worten, die Wirkung ist weitgehend astral-mental und beschäftigt sich mit der Freude am Objekt, dem Gesang sowie dem Beitrag zu diesem Morgen. Diese Effekte sind als konstante kleine Ausströmungen jenes Teiles des astral-mentalen Körpers sichtbar, der im Physischen liegt. Sie fluten bis zu den Rändern der Aura und darüber hinaus, alle in entsprechenden Farben.

Während die Sängerin die letzte Strophe wiederholt, entspringen von den Schultern nach unten zur Taille hin zwei flügelähnliche Gebilde, die flachwerdend vor und rückwärts schwingen. So fröhlich und sogar unbekümmert die Worte auch klingen mögen, so fühle und sehe ich tatsächlich jene Formen, die ich 'Liebesschwingen' nennen will, hin und her flattern. Im ersten Teil der Strophe erkenne ich Grün, ein wenig Gelb und in der Herzgegend der Sängerin ein wenig Rosenfarben, das einfach wundervoll ist.

XII

PAVANE
Fauré

Pavane, eine Tanzform, hatte ihre eigentliche Bedeutung in der Musikkunst als Begleitmusik der langsamen, würdevollen Hoftänze vor drei oder vier Jahrhunderten. Dieses Thema wurde erst kürzlich von Komponisten wie Fauré und Ravel aufgegriffen. Der Rhythmus ist majestätisch und prozessionsähnlich. Die Arie wurde früher von den Tänzern gesungen. Murray Stentiford spielte diese Pavane als Solo auf der Klarinette.

Bei der Note G über dem mittleren C füllt sich der Raum mit astral-mentalen Reaktionen auf die Klangschwingungen, hauptsächlich in Grün, was auch in der Aura des Musikers sowie außerhalb der Wände zu sehen ist. Dann wird das Grün lichter und sehr fein. Das Kopf-Chakra ist angeregt. Bei Wiederholung der Note erscheint ein etwas dunkleres Himmelblau. Aus der Aura leuchtet ein rosenfarbener Schein und fügt sich in die beiden anderen Farbtöne. Das Spiel der vollständigen Pavane bringt ein Klangband mit den üblichen Farben hervor, in dem auch Rosé und Himmelblau zu sehen sind.

Bei einer Wiederholung der Musik scheint es, als ob die Haupteffekte, abgesehen vom Klang-Band, in erster Linie im Instrument selbst entstehen. Gleichzeitig jedoch tauchen sie im Musiker auf, dessen Aura sich ausdehnt und mit den weiter ausgebreiteten vielfarbigen Musikeffekten mischt. Gelegentlich springt das Klang-Band fast in ein wellenartiges Muster über, anstatt ziemlich gleichmäßig dahinzufließen. Eine weitere Wiederholung des Stückes bestätigt diese Wirkungsweise.

Die Musikformen entfalten die Farbe der Note im Klang-Band, ebenso wie ihre Gestalt und Länge, einschließlich der merkwürdigen kleinen Triller beim Übergang von einer Notenform zur nächsten. Sehr bemerkenswert sind gelegentliche Unterbrechungen im Band, vermutlich dann, wenn die Melodie momentan endet und das Band auf und ab tanzt anstatt gleichmäßig zu fluten. Es strömt und fließt rund um den Musiker, dann durch den Raum nach draußen, wo es sich jenseits unserer Sichtweite befindet.

Die Hauptmusikform, die von Spieler und Instrument ausgeht, ist weitgehend schwingengleich. Zunächst bemerke ich sie im wesentlichen zu beiden Seiten, dann erkenne ich sie mindestens als vierdimensional mit flügelähnlichen Ausstrahlungen, die nach allen Seiten hin gehen. Ist die Musik sanft, nehmen die Flügel eine feinere Struktur in jenen Mischfarben an, klingt sie aus, dann dehnen sich diese flügelähnlichen Formen über das Haus hinaus aus. Die wunderschön dahinfließende Musik ist in dieser Struktur sofort als eine winzige Wellenbewegung zu erkennen.

Zunächst öffnet sich das Kopf-Chakra und Kraftlinien strömen nach oben. Ein bestimmtes Maß an Schlangenfeuer oder Kundalini fließt die Wirbelsäule entlang aufwärts und zum Kopf hinaus. Die Gesundheitsaura dehnt sich aus, vor allem in Hautnähe, und die nach außen strömenden Energien erreichen einen Radius von acht oder zehn Zentimetern im Gegensatz zu sonst üblichen zwei Zentimetern. Diese Auswirkungen bleiben auch noch nach Beendigung des Spiels bestehen.

Das Herz-Chakra wird berührt, als ob der Sinn für die Liebe zur Musik im allgemeinen, wenn auch unpersönlicher Art, und für dieses Stück im besonderen Anteil daran hat. Das mag für diesen Musiker eher typisch sein als für einen ohne derartige Empfänglichkeit für Leben und Musik. Dieses Musikstück ist von großem Gewinn für die Gesundheit. Was die Gesundheitsaura betrifft, so reichen einige Strahlen noch weit über die übliche Ausdehnung hinaus.

Die Pavane ist ein ruhiger Tanz. Die Aura des Musikers und die allgemeinen

Musikformen haben eine einzige schwungvoll gebogene Form mit anmutigen kleinen Wellen. Das Ganze erscheint tänzerisch unter diesem Rhythmus. Die verstärkte Vitalität entspringt der Klangkraft, einem äußerst machtvollen Vermittler.

Das gesamte Universum wurde durch den Klang geschaffen. So ist jene Wirkung nicht ein Verlust sondern ein Gewinn für die Vitalität des Musikers, als Ergebnis der Schöpfungskraft des Tones, durch den das Universum entstand — das WORT.

Die menschliche Gesundheitsaura besteht aus einem einzigen nach außen gerichteten Strom von Prana, der sich einige Zentimeter weit ausdehnt. In einer gesunden Person schließt sie ebenfalls einen Strom unregelmäßig ausfließender Formen ein, mit etwas goldenem Prana, etwa einen Meter breit. Bei Krankheit sind diese Ausstrahlungen reduziert. Vor ungefähr sechseinhalb Jahren führte ich aus diesem Grunde Heilungen in London durch, bei denen Musik, verbunden mit farbigem Licht und andere spirituelle und naturkundliche Behandlungsmethoden angewandt wurden.

Auch noch fünfzehn Minuten nach Beendigung des Spiels bleibt die Gesundheitsaura des Musikers ausgedehnt, vor allem zu seiner Linken. Liebliche Farben zeigen sich im astral-mentalen Körper, zunächst vorwiegend Rosenfarben, dann ein sanftes Grün sowie ein Gelb, das die Zuhörer hervorriefen. Dies hinterläßt in seiner Aura eine Art von Glück, aber nicht nur das. Das Gelb um seinen Kopf verstärkt sich gegen Ende der ersten Passage.

Bei Wiederholung der zweiten Passage dringen Musikformen der astral-mentalen Materie ein und reinigen die Auren der Zuhörer, wobei sie teilweise farbiges Anwachsen in der aurischen Aktivität, entsprechend deren Empfangsbereitschaft hervorrufen.

Das Klang-Band scheint eher im und um den Musiker stehenzubleiben als in die Auren der Zuhörer einzutreten, ausgenommen jener in seiner Nähe. Ich habe den Eindruck, das Klang-Band ist fast eine Wesenheit, dessen gesamte Empfänglichkeit die gespielte Musik an sich betrifft.

Andererseits neigen die ausfließenden astral-mentalen Energieströme und -formen dazu, durch die Auren jener in ihrer Reichweite zu ziehen. Im Falle eines Orchesters wäre dies tatsächlich sehr weitläufig, hunderte von Metern, eine prächtige Musikform im Raume hervorbringend.

Die Wirkung auf die Zuhörer steht also im Zusammenhang mit der Anzahl der Instrumente und dem Klangvolumen. Der Pianissimo-Effekt würde nicht sehr weit reichen, vermute ich. Ein Experiment bestätigt es, obgleich in einem kleinen Raum ein jeder der Anwesenden gänzlich vom sanften Spiel berührt wird.

Beide Teile werden nochmals gespielt. Devas wurden nicht besonders angezogen, doch dieses Stück ließ viele kleine Erd- und Gartengeister über den Fußboden tanzen, vor allem zur Rechten des Musikers. Die Art der Naturgeister, die erscheint, ob Gnom, Undine, Sylphe oder Salamander, hängt von der Musikart ab.

XIII

»CORIOLAN OVERTÜRE«

Beethoven

Farbtafel 25

Eine Aufnahme dieser lyrischen Melodie aus dem Orchester-Werk (C-moll, Op. 72) wurde gespielt. Es sollten ihre Wirkungen mit denen einer Originalaufführung verglichen werden.

Die Hauptfarben, die diese Melodie hervorbringt, sind ein rosenfarbenes Glühen auf den äußeren Seiten der Musikform sowie ein Goldgelb und im Zentrum ein Strom von Blau. Die Gesamtwirkung, vor allem an den Rändern, ist eine wundervolle Wellenbewegung in vielen Schattierungen. Diese vielfarbigen Wellen wirken als erstes auf nichtphysische Materie und dehnen sich unmittelbar in einen immer breiter werdenden Strom aus. Der gesamte Raum wird dadurch sehr rasch mit Musik aus dem Lautsprecher angefüllt, indem die bunten Teile erscheinen und wieder verschwinden, je nach Noten und Akkorden.

Im Zentrum dieser strahlenden Form liegt ein Trichter von Musikkraft, der sich wie eine herrliche Fontäne in einem blau-purpurnen, goldgelben und rosenfarbenen Glanz ununterbrochen nach außen hin öffnet. Während die wellenförmige Gestalt sichtbar bleibt, zeigt das Zentrum eine blütengleiche Wirkung, als sei der innere Trichter aus Blütenblättern zusammengesetzt. Blitze und Strahlen, die vorwärts in den Raum schießen und in Farbe und Stärke der Musik entsprechend variieren, tauchen auf.

Außerdem sehe ich einen zentralen Stiel an der blütengleichen Form, die sich

allmählich bis auf drei Meter vor dem Lautsprecher ausdehnt und eine fast rosenförmige Gestalt aus gewellten Blütenblättern aufbaut, die in jenen Farben erstrahlen.
Diese scheinen einige Auswirkungen der aufgenommenen Coriolan Overtüre zu sein.

XIV

»PIE JESUS«

aus dem Requiem von Fauré

Farbtafel 26

Dieser Auszug aus Faurés Requiem ist für Knabensopran und Orchester bestimmt. Es handelt sich hier um eine Schallplattenwiedergabe.

Das Klang-Band ist vollständig, im Grund grün, in der Spitze gelb; Gold liegt in der Mitte und jede Note gleicht fast einer Blüte. Der zweite Teil bringt massive Formen hervor, so etwas wie Viereckpfeiler in ähnlichen Farben. Die Musikform fließt wunderbar dahin. Sie steigt ein wenig von unterhalb des Plattenspielers aufwärts, schwingt über unsere Köpfe in prachtvollen Windungen verknüpfter Notenformen, dabei die Gestalt einer weißen Lilie bildend. Die höheren Noten zeigen ein blasses Rosa mit darunterliegendem Blau und ein wenig Gelb darüber. Sie schweben auch noch nach Beendigung des Liedes umher. Die einzelnen Klangformen unterscheiden sich voneinander, wie ich vermute aufgrund von Länge und Takt (meistens Länge) und variieren ein wenig in der Farbe. Beim Aufsteigen neigt sich das Klang-Band aus irgendeinem Grunde leicht nach unten zur Linken, dann erhebt es sich und gleitet in wundervollen Bögen dahin.

Jede Form hat eine Hauptfarbe, doch seltsamerweise ist an ihrer Außenseite eine Mischung der anderen Farben schwach sichtbar, gelegentlich ein sanftes Grün, ein prächtiges Himmelblau und an einer Stelle ein wenig Purpur. Die Musikform wird also von Formen aufgebaut, die durch den physischen Klang in der Astralmaterie entstanden. Abgesehen von ein oder zwei Unterbrechungen, der Musik entsprechend, entsteht eine sanft wiegende Linie oder 'Tube' aus Musiktönen.

Bei genauerer Betrachtung erkennt man eine gewisse Dualität der einzelnen Bandabschnitte. Der eine Teil ist ein nach außen fließender Strom mit Gold als dominierender Farbe. Wie die Blütenblätter einer weißen Lilie umgeben ihn Reaktionen aus der astral-mentalen Materie und scheinen die zentrale Strömung, die in das nächste 'Band' übergeht, zu entfalten. Dies verbindet sie alle, wenn sie im Raum umherschweben, in prächtigem Design ohne Muster, wobei ein herrliches Grün an dieser Stelle hinzukommt. Jeder Abschnitt des Bandes schwingt in Antwort auf den Klang umher. Manchmal herrscht ein Blau vor, dann wieder ein lichtes Grün oder es leuchtet rosenfarben aus der Tiefe auf.

Die Wiedergabe der Aufnahme erfolgt ein zweites Mal. Die Formen ändern sich,und erscheinen mir als umfangreiche Ansammlung verschiedener Phänomene. Einige Notenformen sind an den Enden der Blütenblätter fast geschlossen, andere halb geöffnet und einige weit offen, wie dies bei der letzten Notenform der Fall ist. Diese Unterschiede in Form und Farbe erscheinen in jedem Teil des Bandes und bis auf jene Stellen, wo die Musik innehält, sind sie alle miteinander durch eine verbindende Strömung astral-mentaler Materie verknüpft, die einem zentralen Fluß gleicht, in dem die fortlaufenden Formen gestaltet enden. Diese letzte bleibt bestehen. Ihre Länge bezieht sich auf die Größe der Notenform, die lauteren und länger gehaltenen Noten bewirken längere Formen, die länger bestehen bleiben als jene der Kurznoten, indem sie dem wundervollen Klang-Band eine große Vielfältigkeit verleihen. Jede einzelne Note und ihre Form in astral-mentaler Materie ist an sich interessant zu studieren.

Jede Notenform 'sprüht vorwärts' und umgibt den Hauptverbindungsstrahl, indem sie eine Reihe kleiner Dampfwolken von Klangenergie bildet, die eigenartigerweise, wenn sie die Länge eines Blütenblattes erreicht haben, übereinanderklappen und dann verschwinden. Das ist wohl das Ergebnis von Klangqualitäten, die nicht notwendigerweise hörbar sind, so als habe jede Note ihre eigenen, sie begleitenden übernatürlichen Kräfte, was kein einheitliches sondern recht komplexes Gefüge ist. Den bereits beschriebenen Formen muß also noch etwas hinzugefügt werden, eine Variation in den Winkeln, aufgebaut von jenen 'Ausstrahlungen' der Blütenblätter, einige geradeaus verlaufend, andere auf halbem Weg abbrechend und wenige fast rechtwinklig, alles, vermute ich, der Note entsprechend. Wird die Note gehalten, scheint es als ob diese Einzelerscheinungen eine Einheit bildeten, indem sie einen Trichter bzw. ein Blumengebilde formen. Es gibt unzählige Feinheiten. Halb beobachtend, halb kontemplativ suche ich ebenso nach intuitivem Verständnis.

Ich vermute, jede Note hat ihre Entsprechungen im Schwingungsausgleich auf anderen Ebenen der Natur, die sich beim Spielen und Hören einer einzelnen Note in den astral-mentalen und höheren Welten zeigen und ihren Beitrag zu der nichtphysischen Form leisten. So sind die verschiedenen Farben, die nicht zu der Note allein zu passen scheinen, als Entsprechungen aus höheren Ebenen zu verstehen, was die Vielfalt jeder Notenform ausmacht.

EIN ANWESENDER ENGEL

Als das Spiel beginnt, erscheint ein wundervolles Engelwesen an der Tür. Ich verneige mich instinktiv, muß aber meine Aufmerksamkeit der Musikform zuwenden. Dennoch weiß ich, daß der Engel verweilt.

Ich erkenne, daß dieser Engel zu jener Ordnung gehört, die mit dem weiblichen Prinzip der Gottheit und seinen Aktivitäten verbunden ist, sowie mit dem großen Dienst der Weltenmutter.
Die zentrale Gestalt des Deva ist etwa drei Meter hoch, Kopf und Schulter sind umgeben von konzentrischen Kreisen unterschiedlicher Farben, die ausströmende Energien bilden. In Schulter und Kopfnähe sind sie golden (vierzig

Zentimeter), dann rosenfarben (fünfzehn Zentimeter), es folgt eine blaue Strahlung mit einem vertikalen Aufwärtsströmen vom Kopfzentrum aus, eine sich erweiternde kegelförmige Strömung, hauptsächlich lavendelfarben und weiß. Diese Stelle im Kopf des Deva ist das Kraftzentrum. Aus diesem strahlen die Farben rechtwinklig hervor, durch Stirn und Herzbereich.

Die Aura des Deva geht weit über den Raum hinaus. Eine seiner Aufgaben ist es (vermute ich), die Kraft (deren Vermittler er ist), in Bewußtsein und Auren der Zuhörer zu projezieren, die auf die Macht der Weltenmutter antworten können sowie auf den spiritualisierenden Einfluß dieser Wesen. Wir befinden uns in der Gegenwart eines weiblichen "Engels des Gottesdienstes". Er wurde von den Menschen und der Musik zu dem Gottesdienst hingezogen und steht jenen, die empfänglich dafür sind, bei, die mitfühlende Weltenmutter tiefer zu erkennen. Sie, die in Gedanken des Deva alle Menschheit umhüllt, vor allem Neugeborene und kleine Kinder.

Dieses System der Verständigung zwischen höheren Ebenen des Seins und tieferen erwacht, wenn immer die entsprechenden Kräfte in der Welt der Formen freigelegt werden. Sie wurden vom Bewußtsein, Gedanken und der Intention des Gesanges und der Musik geweckt. Ich stelle nun fest, daß der Titel des Liedes bezeichnend für dieses Verständnis ist, das vielleicht als eine Musikwirkung auf die Zuhörer angesehen werden mag. Entsprechend ihrer Reaktion und Erkenntnis werden diese nicht nur in einigen Bereichen ihrer Natur gefördert, sondern Engelwesen helfen ihnen, besonders Gandharvas und Erzengel sowie "Engel des Klanges".

Ich frage den Deva: "Wurde irgendein Einflußbereich des Herrn Jesus berührt?" Der Deva antwortet: "Natürlich, doch er, der Große Adept, ist nicht im Besonderen mit dem Weltenmutter-Prinzip verbunden oder mit menschlicher Mutterschaft, wie es Maria verkörpert. Der Herr Jesus ist mehr als man sich vorstellen kann mit dem Werk des SOLAREN LOGOS als Ganzem beschäftigt. Folglich ist seine Aufmerksamkeit eher einer Haltung der Ehrfurcht Ihm ge-

genüber zugewandt." Frage: "Antwortet der Herr Jesus selbst während die Musik gespielt wird, die nach ihm benannt ist." „Ja, doch im Innern der Zuhörer, nicht von außerhalb, Verstand und Herz werden insofern angesprochen, als der Zuhörende physisch und geistig antworten kann."
Daher erwidert der Große Herr auf der Ebene abstrakter Welten und Stufen eher aus dem Innern, denn von außen und objektiv erkennbar.

Auch die Weltenmutter arbeitet offenbar in dieser Weise, indem sie sich Engelscharen bedient, durch welche sie menschliche Intelligenz beeinflußt und erhellt und der Menschheit den Geist grenzenloser, selbstloser Mutterliebe und Hingabe vermittelt. Ich schließe daraus, daß die Weltenmutter direkt und mittels ihrer Engelordnung, aber anders als unser Herr, ununterbrochen Kontakt zu den Menschen aufrechterhält, die sie immer liebt und denen sie hilft. Das gilt vor allem, wo es um Geburten, Kinder und Elternschaft geht. Doch das ist nur ein Teil ihres Dienstes am Menschenreich.

Abschließend wäre zu sagen, daß es eine Wirkung der Musik ist, im Innern des Zuhörers entsprechende Bewußtseinsebenen zu wecken, von gröberen bis hinauf zu den Reichen der Schönheit und Wahrheit, alles gemäß der Fähigkeit des Zuhörenden, auf den Dienst der Engel zu antworten. Gute Musik ist daher ein wundervolles Instrument, die Bewußtheit höherer Natur anzuregen, die Persönlichkeit zu verbessern und zu reinigen, sowie spirituelle Reaktionen zu vermehren.

Musik, welche die niedere Natur des Menschen anregt, kann äußerst gefährlich sein, während religiöse Musik, besonders jene, die sich auf den Herrn Jesus und seine Mutter bezieht, Segen und Antwort der Engel hervorruft. Andere Musikarten wecken entsprechende Reaktionen *im Innern des Hörers* durch die Vermittlung von Adepten und Engeln. Der Dichter sprach die Wahrheit, als er sagte:

»Gute Musik ist die Stimme Gottes, die zu den Seelen der Menschen spricht.«

DIE
FARBTAFELN

Farbtafel 1 Der Erzengel Bethelda (West England)
Die Verbindung mit diesem Engelwesen beschreibt Geoffrey Hodson nur in seinem Buch »The Kingdom of the Gods«.

Farbtafel 2

Farbtafel 3

Farbtafel 4

Farbtafel 5

Farbtafel 6 Erzengel der Sonne

Farbtafel 7 Solare Herren des Feuers

Farbtafel 8

Farbtafel 9

Farbtafel 10

Farbtafel 11

Farbtafel 12

Farbtafel 13

Farbtafel 14

Farbtafel 15

Farbtafel 16

Farbtafel 17

Farbtafel 18

Farbtafel 19

Farbtafel 20

Farbtafel 21

Farbtafel 22

Farbtafel 23

Farbtafel 24

Farbtafel 25

Farbtafel 26